Gudrun Böttger/Angelika Reich
Soziale Kompetenz und Kreativität fördern

Gudrun Böttger
Angelika Reich

Soziale Kompetenz und Kreativität fördern

Spiele und Übungen für die Sekundarstufe I

Die Gedruckt auf chlorfrei gebleichtem Papier ohne Dioxinbelastung der Gewässer

Die Deutsche Bibliothek – CIP-Einheitsaufnahme

Böttger, Gudrun:
Soziale Kompetenz und Kreativität fördern : Spiele und Übungen für die Sekundarstufe I / Gudrun Böttger ; Angelika Reich. - 1. Dr. - Berlin : Cornelsen Scriptor, 1998
ISBN 3-589-21160-1

Dieses Werk berücksichtigt die Regeln der reformierten Rechtschreibung und Zeichensetzung.

5.	4.	3.	2.	1.	✓ Die letzten Ziffern bezeichnen
02	01	2000	99	98	Zahl und Jahr des Drucks.

© 1998 Cornelsen Verlag Scriptor GmbH & Co. KG, Berlin
Das Werk und seine Teile sind urheberrechtlich geschützt. Jede Verwertung in anderen als den gesetzlich zugelassenen Fällen bedarf deshalb der vorherigen schriftlichen Einwilligung des Verlags.
Redaktion: Gregor Rauh, Berlin
Herstellung und Satz: Kristiane Klas, Frankfurt am Main
Umschlaggestaltung: Studio Lochmann, Frankfurt am Main,
unter Verwendung einer Zeichnung von Klaus Puth
Illustrationen: Klaus Puth, 63165 Mühlheim
Druck und Bindung: Clausen & Bosse, Leck
Printed in Germany
ISBN 3-589-21160-1
Bestellnummer 211601

Inhalt

Einleitung	11
Vereinbarungen zu Beginn der Gruppenarbeit	14
Gruppenregeln	16
Hinweise für Gruppenleiter	17
Übungen für Gruppenleiter	18
1. Ich erinnere mich an meine Jugend	18
2. Mein angenehmstes und mein unangenehmstes Schulerlebnis	19
Arbeitsbogen „Gruppenregeln"	20

Kapitel 1
Vorstellen und kennen lernen, entspannen und auflockern, Paare und Gruppen bilden

Hipp-Hopp	26
Blitzlicht	27
Mein Name hat Geschichte	28
Das erste Kennenlernen	29
Interviewspiel	32
Wer ist wer?	32
Lebensstile	33
Stellung beziehen	34
Kontaktaufnahme	35
Bühnenreif	36
Namengedächtnis	36
Das soziale Netz	37
Ballspiel ohne Ball	38
Dialog mit den Fingerspitzen	38
Ankunft und Besinnung	39
Wettermassage – Kater Anton und das Wetter	40
Guter Geist	42
Prominentenrunde	43
Gegenstände wählen	44
Berühmte Paare	44
Puzzle	45

Kapitel 2
Sehen und gesehen werden –
Selbst- und Fremdwahrnehmung

Scotland Yard	50
Was ist gelogen?	52
Eine Person beschreiben	54
Sender und Empfänger	54
Gruppentick	55
Schrumpfendes Bild	56
Wenn ich ein Vogel wäre	57
Selbstbild	60
Es ist klar, dass...	66
So oder so	66
Wahrnehmungskarussell	68
Das 10.000-DM-Spiel	69
Gefühlssack	71
Sensitivity: Selbst- und Fremdwahrnehmung	71
Fähigkeiten und Eigenschaften	75
Mein Lieblingsteil	75
Gefühlsparcours	76
Was ist anders?	77

Kapitel 3
Selbstwertgefühl, Fähigkeiten und Stärken

Wie selbstsicher bin ich?	83
Meine Person – innen und außen	84
Gib es weiter!	85
Eine Scheibe abschneiden	85

Kapitel 4
Kein soziales Lernen ohne Feed-back

Eine Familie wählen	91
Wer ist wer?	92
Was würde er oder sie tun?	93
Was wir an dir gut finden!	95
Was uns an dir stört!	96
Brief von Unbekannt	97
Wohnungssuche	97
Vier-Ecken-Spiel	98
Positives Feed-back	99
Ich fühle – ich empfinde...	100

Kapitel 5
Freundschaft, Liebe und Rollenverständnis

Idealtyp 107
Traummann / Traumfrau 107
Welche Erwartungen habe ich an eine Beziehung? 108
Welche Bedeutung hat Zärtlichkeit? 111
Welche Vorteile hat es, ein Mädchen/Junge zu sein? 113
Was ist ein richtiger Junge / ein richtiges Mädchen? 114
Männlich oder weiblich? 117
Sensitivity: Freundschaft, Liebe, Rollenverständnis 118

Kapitel 6
Lebensplanung, Werte und Normen

Edna und Ron 126
Freundschaft 130
Lebenskurve 132
Wie will ich leben? 133
Weltreise 134
Planetenspiel 136

Literaturverzeichnis 143

Einleitung

Seit 20 Jahren arbeiten wir als Sozialpädagoginnen an einer Gesamtschule mit gymnasialer Oberstufe in Berlin-Kreuzberg. Die Schüler gehören den unterschiedlichsten Nationen an. Die Klassen haben im Schnitt einen Ausländeranteil von 45 Prozent.

Lehrer und Sozialpädagogen betreuen gemeinsam diese Klassen. Die Zusammenarbeit findet kontinuierlich von der 7. bis zur 10. Klasse statt. Es ist dabei von großem Vorteil, dass Klassenlehrer, Sozialpädagogen und Schüler über vier Jahre einen gemeinsamen Prozess durchlaufen.

Die sozialpädagogische Arbeit beginnt mit dem Übergang der Schüler von der Grundschule. In der an unserer Schule üblichen Einführungsphase machen sich die Schüler mit den Pädagogen und Mitschülern vertraut und lernen die neue Schule mit ihren unterschiedlichen Bereichen kennen.

In dieser Phase erleben wir, dass die Schüler den Angeboten der Schule mit viel Neugier und Offenheit begegnen. Die Beziehungen innerhalb der Gruppen sind noch relativ unbelastet und offen für neue Verbindungen. Die von uns in diesem Stadium angebotenen Übungen der Kommunikation und Interaktion werden von den Jugendlichen in der Regel mit Interesse und Engagement angenommen. Die Schüler erfahren, dass sie ihre Erwartungen und Vorstellungen äußern können, sie erhalten eine Reaktion der Mitschüler und der Pädagogen. Sie erleben, dass sie durch das spielerische Kennenlernen Hemmungen abbauen und Kontakte herstellen können. Gemeinsames Spielen dient einerseits der Erholung und Entspannung, andererseits wirkt es kommunikationsfördernd und ausgleichend. Der Gruppenzusammenhang wird gefestigt und das Zusammengehörigkeitsgefühl gefördert. Die Klasse thematisiert Verantwortung und Verpflichtungen und nimmt sie gemeinsam wahr.

Viele Übungen tragen dazu bei, dass die Schüler ohne Leistungsdruck vor und mit der Klasse sprechen lernen. Gleichzeitig können sie ihren sozialen Hintergrund darstellen. Die Kolleginnen müssen diese Informationen in ihr weiteres Handeln mit einbeziehen, da sonst die Gefahr besteht, dass sich die Schüler ausgehorcht fühlen.

Was fehlt den Jugendlichen?

Viele Jugendliche haben Elternhäuser, denen es an Wärme und Geborgenheit mangelt. Die Eltern haben zum Teil keine Zeit, da sie berufstätig und/oder allein erziehend sind. Nicht wenige sind überfordert, wenn sie sich mit den spezifischen Problemen ihrer Kinder intensiver auseinander setzen müssen, und ersetzen fehlende Zuwendung durch materielle Dinge. Viele Kinder werden nicht einmal mehr in den Arm genommen, die Eltern schmusen nicht mit ihnen. Im Gegenteil, Kinder erfahren die unterschiedlichsten Formen psychischer und physischer Gewalt (Vernachlässigung, Misshandlung, Missbrauch).

Die Feststellung, dass Horror- und Gewaltvideos das Gefühlsleben von Kindern und Jugendlichen sehr bestimmen, ist nicht übertrieben. Morgendliche Stimmungen vieler Schüler sind durch Videokonsum vor dem Schulbesuch geprägt. Auffällig viele Jugendliche sind zu Beginn der Woche unkonzentrierter und aggressiver als sonst, was unter Umständen auch auf die Gestaltung des Familienlebens am Wochenende zurückzuführen ist. Freizeit findet oft vor dem Fernseher statt. Gemeinsame Familienunternehmungen sind die Ausnahme. Daraus erklären sich die geringen Erfahrungen der Jugendlichen mit der Natur, der Umwelt und der Kultur.

In ihren Peer-groups treffen die Jugendlichen auf Altersgenossen, die ähnliche Erfahrungen und Verhaltensmuster einbringen. Sie sind nicht oder nur schwer in der Lage, ihre gemeinsame Freizeit zufrieden stellend zu gestalten.

So zitiert M. Murdock in ihrem Buch *Dann trägt mich meine Wolke* das von A. Maslow entwickelte Konzept zur Bedürfnishierarchie des Menschen:

> Die Grundbedürfnisse der Menschen beziehen sich auf Wasser, Nahrung, Schutz, Wärme, Schlaf, Aktivität, Bewegung und Sexualität. An zweiter Stelle steht das Bedürfnis nach Sicherheit, an dritter Stelle das Bedürfnis nach Liebe und Fürsorge durch die Familie, Freunde oder eine andere Gruppe, an vierter Stelle das Bedürfnis nach Wertschätzung, Zustimmung, Würde und Selbstachtung. Auf der obersten Stufe steht das Bedürfnis nach Selbstverwirklichung, zu wissen, wer man ist, der Wunsch, all das zu sein, was man sein kann, und die Fähigkeit, kreativ zu sein ... Wenn man Maslows Ideen sehr stark vereinfacht ausdrückt, bedeutet das, dass man die Grundbedürfnisse zuerst befriedigen muss, bevor man zur nächsten Bedürfnisebene weitergehen kann. Wenn wir hungern oder frieren, denken wir nicht an unsere Sicherheit, wenn wir uns nicht sicher fühlen, kümmern wir uns nicht um Geborgenheit, wenn wir nicht das Gefühl haben, geliebt und umsorgt zu sein, denken wir nicht über die Liebe zu uns selbst nach. Wenn wir uns nicht selbst mögen, können wir nicht kreativ sein und unsere Möglichkeiten voll ausschöpfen. *(Murdock 1992, S. 131)*

Aus Gesprächen mit Jugendlichen wissen wir, dass diejenigen unter ihnen, die zu gewalttätigen Handlungen neigen, gerade ihr Bedürfnis nach Geborgenheit, danach, geliebt zu werden, und nach Selbstachtung nicht befriedigt bekommen.

Einleitung   13

Die Jugendlichen leiden oft unter Schlafmangel, kommen ohne Frühstück zur Schule und ernähren sich von Fastfood. Nicht selten bedrücken sie familiäre Geschehnisse vom Vortag: Auseinandersetzungen, zum Teil gewalttätig, Geldsorgen, Angst der Eltern um den Arbeitsplatz, Streit mit Freunden. Emotionale Zuwendung erfahren sie oft nur in reduzierter Form oder gar nicht. Es besteht zwar ein intensiver Wunsch nach Zweierbeziehungen, die Umsetzung dieses Wunsches in die Realität unterliegt aber vielen Schwankungen und ist sehr anstrengend.

In der Schule haben sie meist mehr Misserfolge als Erfolgserlebnisse. Bewertungen von Lehrerinnen wie „leistungsschwach" oder gar „versagend" verunsichern sie zusätzlich. Perspektiven für ihre berufliche Zukunft können sie nur schwer entwickeln. Äußern Schülerinnen Wünsche, erhalten sie häufig die deprimierende Antwort, dass sie sie vergessen können, weil sie den dafür nötigen Schulabschluss ohnehin nicht erreichen. Wie sollen junge Menschen auf dieser Basis die eigene Person schätzen und lieben lernen und damit die Voraussetzung zur vollen Entfaltung ihrer Möglichkeiten schaffen?

Im Rahmen unserer Arbeit erleben wir, dass Jugendliche viele Ängste und Unsicherheiten mit überzogenem Verhalten überspielen. Sie sind nicht von ihren Fähigkeiten überzeugt und besitzen bei ihren Handlungen nicht die entsprechende Selbstsicherheit.

Unser Ziel ist es, das Selbstvertrauen der Jugendlichen so zu stärken, dass sie sich die fehlende soziale Kompetenz aneignen können. Unter sozial kompetentem Verhalten verstehen wir:

– Die Jugendlichen sind in der Lage, für sich selbst zu entscheiden. Sie ordnen sich nicht unreflektiert unter, sondern können ihr Verhalten rational und emotional begründen.
– Sie haben die Fähigkeit entwickelt, selbstbewusst zu handeln.
– Sie können das eigene Verhalten beobachten und selbstkritisch hinterfragen.
– Sie kennen ihre Interessen und Ansprüche und sind in der Lage, diese zu überprüfen.
– Sie respektieren die Wünsche und Interessen anderer und beziehen sie in ihr eigenes Handeln mit ein.
– Sie wissen, was ihnen Angst macht, und können entsprechende Situationen erkennen und benennen.
– Unangenehme Gefühle, die sie blockieren, nehmen sie wahr und können sie schließlich abbauen. Sie akzeptieren ihre Enttäuschung und ihre Wut, aber können sie in problemlösendes, konstruktives Verhalten umsetzen.
– Sie können anderen zuhören und eigene Bedanken und Vorstellungen so formulieren, dass andere sich mit ihnen auseinander setzen können.

– Sie akzeptieren, wenn sie gelobt werden, und können Signale sozialer Aner-
kennung richtig interpretieren. Sie schätzen die eigene Person nicht zu gering
oder gar abwertend ein.
– Konfliktsituationen können sie erkennen und analysieren. Auf dieser Basis
entwickeln sie Bewältigungsstrategien.

Die Schule muss Räume schaffen, in denen die Schüler die für den Erwerb der
sozialen Kompetenz notwendige Sicherheit und emotionale Geborgenheit erfahren. Nur auf der Basis von stabilen emotionalen Beziehungen und Vertraut-
heit können sie Defizite abbauen.
Wir haben für diese Reihe Spiele und Übungen gesammelt, die nicht wenigen
aus ihrer eigenen Kindheit vertraut und in vielen Büchern zu finden sind. Wir haben die Übungen zusammengestellt, die sich in unserer jahrelangen Praxis be-
währt haben.
Abwechselnd gebrauchen wir die Wörter Spiel und Übung, ohne damit auf ir-
gendeine Art und Weise eine Wertigkeit ausdrücken zu wollen. Spielend üben erleichtert das Lernen.
Wenn wir in den Beschreibungen der Spiele bzw. Übungen von Schülerinnen
schreiben, meinen wir auch Schüler, wenn wir von Lehrern schreiben, meinen
wir auch Lehrerinnen, wie wir auch immer Frauen im Sinn haben, wenn von
Männern die Rede ist. Und natürlich kann jede mit jedem üben, wenn es die Regeln nicht ausdrücklich anders vorsehen.

Vereinbarungen zu Beginn der Gruppenarbeit

Die folgenden Regeln *(vgl. zu diesem Abschnitt: Creighton / Kivel 1992, S. 20 ff.)*
dienen dazu, innerhalb der Gruppe den Aufbau eines Vertrauensverhältnisses
zu fördern und ein größtmögliches Maß an Sicherheitsgefühl zu erreichen. Unsere Ziele sind, dass alle Beteiligten einander akzeptieren und respektieren und
darauf aufbauend genug Vertrauen schöpfen, um eine gewisse Nähe zueinander
zuzulassen. Die Regeln fördern den Aufbau von gewaltfreien Beziehungen und
oft wünschen sich die Schülerinnen und Schüler ähnliche Regeln auch für zu
Hause.

1. Niemand wird bestraft
Alle Beteiligten dürfen einander nach den Treffen der Gruppe nicht „bestrafen",
kritisieren oder sonst wie sanktionieren für gruppeninterne Bemerkungen oder
Vorgänge. Niemand darf aufgrund seiner Äußerungen diskriminiert oder stig-
matisiert werden.

Einleitung 15

2. Niemand muss reden
Kein Gruppenmitglied wird gezwungen, etwas zu sagen. Jeder hat das Recht,
auch zu schweigen.

3. Aussprechen lassen
Jedes Gruppenmitglied darf ausreden, ohne dass es unterbrochen, angegriffen
oder ihm widersprochen wird. Jedes Gruppenmitglied darf sagen, was es für
richtig hält. Seine Aussagen sollen für sich stehen. Es spricht immer nur eine Person. Auch Zustimmung oder Unterstützung sind erst erwünscht, nachdem eine
Aussage beendet ist.

4. Das bleibt unter uns
Alle Gruppenmitglieder müssen die Bereitschaft mitbringen, alles, was innerhalb der Gruppe abläuft und mitgeteilt wird, vertraulich zu behandeln. Nur mit
Erlaubnis der betreffenden Personen darf außerhalb der Gruppe erzählt werden,
worüber gesprochen wurde. Ein „Nein" der Person muss respektiert werden. Die
Gruppe muss aber wissen, dass es zwingend erforderlich ist, von dieser Regel
dann abzuweichen, wenn jemand in körperlicher oder psychischer Gefahr
schwebt und deshalb Hilfe von außen erforderlich wird.

5. Niemand wird „fertig gemacht"
Die Gruppenmitglieder hören einander zu und nehmen einander ernst. Fühlt sich
eine Person durch Aussagen verletzt oder angegriffen, muss dies angesprochen
und thematisiert werden. Es wird niemand ausgelacht, bedroht oder erniedrigt.

6. Gefühle
Alle haben das Recht, gefühlvoll zu reagieren. Wer Trauer, Wut oder verletzte
Gefühle innerhalb der Gruppe zum Ausdruck bringt, muss sich darauf verlassen
können, dass dies respektiert wird. Allerdings sollte der Ausdruck von Gefühlen
nicht den Hauptinhalt der Gruppenarbeit ausmachen.

7. Ausprobieren
Alle Gruppenmitglieder sind grundsätzlich bereit, die vorgeschlagenen Übungen zunächst auszuprobieren und eventuelle Kritik erst nachher zu äußern.

8. Ich-Aussagen
Jedes Mitglied der Gruppe spricht nur für sich selbst und seine eigenen Gefühle
und Erfahrungen, d.h. Wörter wie „man", „wir", „sie" werden immer durch das
Wort „ich" ersetzt. Also statt: „Man liest solche Bücher nicht!" besser: „Ich lese
solche Bücher nicht." Jugendliche haben damit zunächst große Schwierigkeiten.

Sie sollten diese präzise Ausdrucksweise aber unbedingt immer wieder üben, da nur so Pauschalaussagen vermieden werden und jedes Gruppenmitglied sich mit seinen Aussagen wirklich identifiziert.

9. Überprüfung der Regeln
In bestimmten Abständen sollten die Regeln überprüft und den Teilnehmern die Möglichkeit gegeben werden, bestehende Regeln zu revidieren oder neue hinzuzufügen.

Gruppenregeln

Intention: Regeln erstellen, überprüfen und einhalten
Altersgruppe: 7. Klasse
Teilnehmerzahl: bis zu Klassenstärke
Dauer: zwei Einheiten à 45 Minuten
Vorbereitung: Arbeitsbogen „Kommunikationsregeln" (siehe Seite 20 f.
                    am Ende der Einleitung)
Material: Papier und Bleistift

Spielverlauf: In dieser Übung geht es um Regeln, die dazu beitragen sollen, dass sich innerhalb der Gruppe die Verständigung verbessert und Vertrauen aufbaut. Damit die Kooperation gelingt, muss den Schülern bewusst werden, dass sie häufig aneinander vorbeireden, sich nicht richtig zuhören, und dass genau dieses eine gute Kommunikation verhindert.
Jede Schülerin erhält einen vorbereiteten Arbeitsbogen, auf dem unterschiedliche Situationen beschrieben sind. Aufgabe ist es, in Partnerarbeit daraus Regeln abzuleiten. Dafür stehen 10 Minuten zur Verfügung. Anschließend werden diese Regeln noch einmal überprüft und gegebenenfalls durch eine oder mehrere neu gewählte Regeln ergänzt (10 Minuten). In Kleingruppen aus 2 oder 3 Paaren werden diese Regeln dann diskutiert und in eine für diese Gruppe stimmige Reihenfolge gebracht (20 Minuten).
Abschließend kommen diese Kleingruppen zusammen, um eine einheitliche, für alle Beteiligten gültige und durchführbare (einhaltbare) Regelreihenfolge zu erstellen.

Anmerkung: Es ist sehr wichtig, mit der Gruppe darüber zu sprechen, dass es unter Umständen zu Regelverletzungen kommt, diese aber bei Bekanntwerden in der Gruppe angesprochen und diskutiert werden. Bei konsequenter Vorgehensweise nehmen die Regelverstöße ab.

Hinweise für Gruppenleiter

- Gestalten Sie eine Anwärmphase, die es der Gruppe erlaubt, allmählich in die Übungsphase einzusteigen.

- Erklären Sie Ablauf und Regeln der Übung zu Beginn genau. Die Schüler müssen die Möglichkeit haben, nachzufragen und Bedenken zu besprechen. Nichts ist unangenehmer, als eine gute Übung zu zerstören, nur weil die Regeln nicht für alle Beteiligten klar waren. Auch der Einstieg in neue Übungen wird den Jugendlichen durch so ein negatives Erlebnis sehr erschwert.

- Es ist sinnvoll, die meisten Übungen im Kreis durchzuführen. Der Kreis gibt allen Gruppenmitgliedern den gleichen Status (einschließlich des Gruppenleiters) und ermöglicht Sicht- und Augenkontakt zwischen allen. Der Kreis soll für die Schülerinnen zum sicheren Platz werden, an dem sie über Empfindungen und Meinungen sprechen können, ohne ausgelacht oder verurteilt zu werden. Ausnahmen bestätigen die Regel und sind in den jeweiligen Anleitungen aufgeführt.

- Falls eine Person lange ins Blickfeld der Gruppendiskussion gerät, fragen Sie nach, ob es ihr recht ist oder ob sie lieber in Ruhe gelassen werden möchte.

- Zeigt ein Mitglied der Gruppe seine Betroffenheit oder fängt an zu weinen, sollten Sie Verständnis zeigen, jedoch verhindern, dass die Gruppe eine groß angelegte Tröstungsaktion beginnt.

- Überprüfen Sie jede Übung kritisch, ob sie wirklich für Ihre Gruppe geeignet ist, unabhängig von der vorgeschlagenen Altersangabe.

- Führen Sie die Übungen nur dann durch, wenn Sie sie vorher ausprobiert haben oder wenn Sie sich sicher genug fühlen, sie anzuwenden. Ihre eigene Unsicherheit überträgt sich ansonsten auf die Gruppe und die Übung wird bei ihr nicht gut ankommen. Dies ist auch abhängig von Ihrer eigenen Befindlichkeit. Es kann Tage geben, an denen Sie nicht so belastbar sind wie an anderen, verschieben Sie die Übung lieber auf die nächste Stunde oder Woche.

- Schaffen Sie mit den Schülern gemeinsam eine gemütliche und persönliche Atmosphäre in den Räumen für Gruppenarbeit (auch in den Klassenräumen), damit die Jugendlichen sich an diesem Ort wohl fühlen und sich mit ihm identifizieren können.

- Die Teilnehmerinnen müssen genügend Zeit haben. Es ist besser, eine Übung zu unterbrechen und bei nächster Gelegenheit fortzusetzen, als sie zu schnell und unvollständig zu beenden.

Übungen für Gruppenleiter

1. Ich erinnere mich an meine Jugend

Erwachsene, die mit Jugendlichen arbeiten, sollten sich für die psychische Situation und die Probleme ihrer Schüler sensibilisieren, indem sie sich immer wieder fragen, wie sie sich selbst als junge Menschen erlebt haben und welche Auswirkungen die Bewusstmachung dieser persönlichen Erfahrungen auf ihr heutiges Verhalten und ihren Umgang mit Schülern hat. Der folgende Fragebogen erleichtert die Erinnerung an die eigene Jugend und die damit verbundenen Erfahrungen. Er kann gut als Einstieg für Arbeitsgruppen oder bei ganztägigen Konferenzen von Kollegien benutzt werden und dient dann dazu, dass sich Kolleginnen anders als im normalen schulischen Alltag miteinander bekannt machen und ins Gespräch kommen. Der Bogen kann auch allein bearbeitet werden.

Bitte beantworten Sie diese Fragen kurz und möglichst spontan!

- Für welchen Sänger bzw. welche Sängerin, welchen Komponisten, welche Musikrichtung oder welche Gruppe habe ich geschwärmt?
- Typisch für meine Kleidung damals war:
- Was haben meine Eltern zu dieser Kleidung gesagt?
- Ein immer wiederkehrender Streitpunkt zwischen mir und meinen Eltern war:
- An welche wichtigen Lese- oder Kinoerlebnisse erinnere ich mich?
- Was habe ich mit meinen richtig guten Freunden und Freundinnen gerne unternommen?
- Wann und in wen habe ich mich zum ersten Mal verliebt?
- Wer war mein schlimmster Lehrer bzw. meine schlimmste Lehrerin? Warum?
- Welches Schulfach war mir am meisten zuwider?
- Wo und von wem wurde ich aufgeklärt?
- Konnte ich mit meinen Eltern oder Lehrern über meine Sexualität sprechen? Wenn nein, warum nicht?
- Gab es jemanden, dem ich jedes Geheimnis anvertrauen konnte?
- Welchem Erwachsenen habe ich vertraut?
- Habe ich mich überhaupt von jemandem verstanden gefühlt? Wenn ja, von wem?
- War ich anders als die anderen?
- Was hat mich an mir am meisten gestört?
- Was würde ich von meiner Jugendzeit am liebsten völlig vergessen?
- Was werde ich nie vergessen?

In Anlehnung an: Creighton / Kivel 1992, Seite 12

2. Mein angenehmstes und mein unangenehmstes Schulerlebnis

Eine weitere Möglichkeit zur Sensibilisierung für die Schülerperspektive bietet diese Übung, die am besten als Partnerinterview durchgeführt wird. Sie kann Lehrerverhalten bewusst machen und problematisieren, indem die Kollegen eigene Schulerfahrungen noch einmal nacherleben und erkennen, welches Lehrerverhalten sie selbst als Schüler besonders gestört, verletzt oder eingeschränkt hat. Setzen Sie sich mit folgenden Fragen auseinander:

Welches Erlebnis mit einem Lehrer war während meiner Schulzeit das für mich unangenehmste?

Welches Erlebnis mit einer Lehrerin war während meiner Schulzeit das für mich angenehmste?

Bei der gemeinsamen Auswertung der beiden Fragen in einer Arbeitsgruppe notiert ein Protokollant die positiven bzw. negativen Verhaltensweisen von Lehrern, die die Kollegen erwähnen. Jeder Kollege kann an Hand dieser Liste überprüfen, ob er selbst im Umgang mit Schülern die gewünschten bzw. unerwünschten Verhaltensweisen zeigt.

Arbeitsbogen „Gruppenregeln" (s. Seite 16)

1.) Du berichtest in einer neuen Gruppe über ein persönliches Erlebnis. Am nächsten Tag wirst du von einer Person, die nicht zur Gruppe gehört, darauf angesprochen. Du bist empört, da dein Beitrag nicht für die Öffentlichkeit bestimmt war.
   - ◆ Welche Vereinbarung hätte von der Gruppenleitung getroffen werden müssen?

   _____

   _____

   _____

2.) Nach einer Gruppensitzung sagt eine Teilnehmerin zu dir, dass du so merkwürdige Ansichten haben würdest, hätte sie nicht von dir gedacht! In der nächsten Gruppensitzung wirst du von ihr und ihrer Freundin geschnitten.
   - ◆ Worauf hätten die Teilnehmer von der Gruppenleitung verpflichtet werden müssen?

   _____

   _____

3.) Während einer Gruppensitzung äußerst du eine bisher nicht vertretene Position. In der Gruppe baut sich Widerstand auf, der sich in emotionalen und persönlichen Äußerungen entlädt.
   - ◆ Welche Vereinbarung hätte die Gruppenleitung im Vorfeld treffen müssen, damit eine solche Situation nicht entsteht?

   _____

   _____

   _____

4.) In einer Sitzung sollst du dich zu einem Thema äußern, zu dem du im Moment aus persönlichen Gründen nichts sagen möchtest. Die Gruppe drängt aber auf eine Äußerung von dir.
   - ◆ Welches Recht hätte die Gruppenleitung den Teilnehmern einräumen müssen?

   _____

   _____

Einleitung   21

5.) Während der Gruppenarbeit kommt es zu einer lebhaften Diskussion. Alle
    haben das Bedürfnis, die eigene Position zu erläutern. Die Wortgewandten
    schneiden den Bedächtigeren das Wort ab.

    ◆ Welche Aufgabe kommt der Gruppenleitung in dieser Situation zu?

    _____

    _____

    _____

6.) In einer Übung ist die persönliche Stellungnahme zu einem Thema erforder-
    lich. Viele Gruppenmitglieder beginnen ihre Beiträge mit: „Man müsste ...,
    man sollte ..., wir könnten ...!"

    ◆ Wie kann die Gruppenleitung sicherstellen, dass die Teilnehmer wirklich
      ihre persönliche Meinung äußern und sich nicht hinter allgemeinen For-
      mulierungen verstecken?

    _____

    _____

    _____

7.) Der Gruppenleiter schlägt vor, eine Übung praktisch durchzuführen, um den
    Beteiligten eine persönliche und sinnliche Lernerfahrung zu ermöglichen.
    Einige wollen vor Beginn über Sinn und Zweck der Übung diskutieren,
    ohne ihren Ablauf selbst erfahren zu haben.

    ◆ Welchen Vorschlag sollte die Gruppenleitung machen?

    _____

    _____

    _____

8.) In einer Gruppensitzung berichtet eine Schülerin über eine persönliche Si-
    tuation und fängt dabei an zu weinen. Einige wollen sie trösten, andere wol-
    len den Arbeitsverlauf nicht unterbrechen und schlagen der Schülerin vor,
    den Raum zu verlassen.

    ◆ Welche Aufgabe kommt der Gruppenleitung in dieser Situation zu?

    _____

    _____

    _____

Kapitel 1
Vorstellen und kennen lernen, entspannen und auflockern, Paare und Gruppen bilden

Einleitung

Die Übungen sind für neue Gruppen gedacht. Sie dienen einerseits dem Kennenlernen der einzelnen Gruppenmitglieder untereinander, andererseits veranlassen sie den Einzelnen dazu, seine Erwartungen, Befürchtungen und Vorstellungen von sich selbst und von der Gruppe zu reflektieren und zu äußern. Die Schülerinnen können die Angst vor den unbekannten Gruppenmitgliedern verlieren, indem sie in einem spielerischen, von Bewertungen und Leistungsansprüchen freien Rahmen persönliche Hintergründe mitteilen und empfangen. Damit verringert sich die Anonymität, Vorurteile werden abgebaut, die Integration von Außenseitern wird ermöglicht und Ingroup-Bildung verhindert.

Die Übungen fordern zur aktiven Gestaltung der Beziehungen auf und fördern den Gruppenbildungsprozess. Die Schüler beginnen ein Wir-Gefühl zu entwickeln. Im Spiel ergibt sich ein gleichberechtigter Kontakt aller Gruppenmitglieder untereinander; anfängliche Scheu, Hemmungen und Ängste (z. B. Sprechangst) können sie leichter überwinden. Die Jugendlichen nehmen sich selbst und ihre Stellung innerhalb der Gruppe bewusst wahr und können beobachten, wie die anderen sich verhalten. Diese erste Phase des Gruppenprozesses ist für die weitere Arbeit sehr wichtig, da die sich hier herausbildenden Verhaltensstrukturen für das zukünftige Verhalten in der Gruppe von grundsätzlicher Bedeutung sind. Es ist unbedingt notwendig, dass die Leiterin die für die Gruppenarbeit geltenden Regeln zu Beginn der Arbeit mit den Schülern bespricht und immer wieder auf ihre Einhaltung achtet. Einige Regeln sind für Schüler in der 7. Klasse nicht leicht zu befolgen. Regelmäßiges Üben schon bei einfachen Übungen lohnt sich jedoch, da es später schwierigere Stufen für alle Beteiligten erleichtert, wenn alle die Einhaltung der Regeln beachten.

– Der Gruppenleiter sollte es am Anfang vermeiden, von ihm beobachtetes Verhalten einzelner Gruppenmitglieder sofort mit der Gruppe zu besprechen. Erst wenn das Vertrauen untereinander so weit entwickelt wurde, dass die Jugendlichen Mitteilungen über persönliches Verhalten richtig auffassen, überdenken und miteinander besprechen können, ist die Problematisierung von Verhaltensweisen sinnvoll und konstruktiv.

- Anwärmübungen dienen in erster Linie dem Abbau von Verkrampfungen beim Einzelnen bzw. innerhalb der gesamten Gruppe. Sie können daher bei auftretenden Konflikten in der Gruppe gut zur Entspannung eingesetzt werden.

- Ist die Gruppe zu Beginn der Gruppenarbeit sehr unkonzentriert, nervös, laut oder insgesamt „schlecht drauf", sind Entspannungsübungen als Basis für die weitere Arbeit sinnvoll. Dass die dafür verwendete Zeit eine lohnende Investition darstellt, zeigt sich im weiteren Verlauf der Gruppenarbeit. Je häufiger man in einer Gruppe Entspannungsübungen anwendet, je mehr sie für die Schülerinnen zur Gewohnheit werden, desto schneller und erfolgreicher sind sie durchführbar.

- Viele Übungen sind für kleinere Gruppen- oder Paarzusammensetzungen gedacht. Es entspricht oft nicht der Zielsetzung der Übungen, sie in den von den Schülern gewünschten Zusammensetzungen („Ich will aber mit meinem Freund!") durchzuführen. Aus diesem Grund geben wir einige Beispiele, wie Paare bzw. Gruppen sich auf spielerische Art und Weise bilden können.

Hipp-Hopp

Intention: Namen einprägen, Spaß und Bewegung
Altersgruppe: ab 7. Klasse
Teilnehmerzahl: bis zu Klassenstärke
Dauer: nach Lust und Laune
Vorbereitung: keine

Spielverlauf: Die Gruppe bildet einen Kreis. Bis auf eine Person, die in der Mitte steht, sitzen alle auf einem Stuhl. Die Person in der Mitte geht nun, ohne ein nachvollziehbares System zu verfolgen (z. B. zu allen Jungen oder zu jeder zweiten Schülerin), von einem zum anderen und ruft jeweils kurz und überrumpelnd entweder „Hipp" oder „Hopp".

Bei „Hipp" soll die angesprochene Person den Namen ihres linken, bei „Hopp" den Namen ihres rechten Nachbarn nennen. Wer dabei durcheinander gerät, muss die Rolle des Ausrufers übernehmen. Bei dem Signal „Hipp-Hopp" wechseln alle blitzschnell ihre Plätze.

Dadurch ergeben sich neue nachbarliche Beziehungen und die Gelegenheit, weitere Namen kennen zu lernen. Die Person in der Mitte hat die Chance, einen der frei werdenden Plätze zu besetzen, und wird von dem Mitspieler abgelöst, der ohne Stuhl geblieben ist.

Kapitel 1: Vorstellen und kennen lernen, entspannen und auflockern

Blitzlicht

Intention:	Bestandsaufnahme, wo jedes Gruppenmitglied im Moment „steht", wie es sich fühlt, was es denkt, welche Gefühle, Erwartungen, Wünsche, Themen usw. es bewegen
Altersgruppe:	ab 7. Klasse
Teilnehmerzahl:	bis zu Klassenstärke
Dauer:	je nach Gruppengröße 5 – 10 Minuten
Vorbereitung:	keine

Spielverlauf: Beim Blitzlicht nimmt jedes Gruppenmitglied reihum kurz Stellung zu einer Frage. Meist zu Fragen wie: „Wie interessiert bin ich am zu behandelnden Thema?", „Wie fühle ich mich im Moment?" oder „Woran denke ich gerade am meisten?" usw. Solch ein Blitzlicht soll auf keinen Fall eine lange Diskussion sein, sondern nur eine kurze Bestandsaufnahme, eine Erhebung von Informationen. Die einzelnen Gruppenmitglieder sollen nicht auf die Redebeiträge eingehen, sondern diese nur aufnehmen und akzeptierend zuhören. Eine eventuell notwendige Diskussion soll erst beginnen, wenn alle Gruppenmitglieder ihr kurzes Statement abgegeben haben. Oft werden durch das Blitzlicht Störungen in der Gruppe sichtbar und können bei der Weiterarbeit berücksichtigt werden.

Fragen für das Blitzlicht können sein:
– Was erwarte ich von der heutigen Gruppenarbeit?
– Wie hat mir die Übung gefallen?
– Was hat mich geärgert oder gefreut?
– Wie fühle ich mich gerade im Augenblick?
– Wie interessiert bin ich am zu behandelnden Thema?
– Welche Wünsche habe ich für die nächste Gruppensitzung?

Anmerkung: Das Blitzlicht kann am Anfang und am Ende jeder Gruppensitzung stehen. Es grenzt die Sitzungen von informellen Gesprächen und Kontakten ab. Am Ende einer Gruppenarbeit führt es die Gruppenmitglieder zusammen und lässt jeden noch einmal zu Wort kommen. Auf diese Weise wird die Vielfalt von Stimmungen und Meinungen innerhalb der Gruppe noch einmal kurz deutlich gemacht. Alle Gruppenmitglieder erhalten einen offenen Einblick in die Meinung der anderen. Auch diejenigen, die meist schweigen, sprechen und die Dominanten reden nicht allein.
Nicht nur die Gruppenleitung kann das Blitzlicht nutzen, auch die einzelnen Gruppenmitglieder können es anfordern: zum Beispiel, wenn sie das Gefühl ha-

ben, dass die Gruppe zu auftretenden Problemen oder inhaltlichen Differenzen kurz Stellung nehmen sollte. Dabei kann es sich um Unlust, Desinteresse oder zu spürende Aggressionen handeln. In diesen Fällen müssen die aus den Aussagen der Gruppenmitglieder zu ziehenden Konsequenzen gemeinsam besprochen werden. *(vgl. Schwäbisch/Siems, Reinbek 1974, S. 242 ff. und Gudjons, Bad Heilbronn 1992, S. 160)*

Mein Name hat Geschichte

Intention: sammeln, was ich über die Bedeutung, Herkunft meines Namens weiß, erkunden, was er mit mir, meiner Identität und meinem Selbstwertgefühl zu tun hat; die anderen Gruppenmitglieder kennen lernen

Altersgruppe: ab 7. Klasse

Teilnehmerzahl: bis zu Klassenstärke

Dauer: eine Einheit à 45 Minuten

Vorbereitung: Die Recherche zur Bedeutung des eigenen Namens kann von den Schülerinnen eigenständig z. B. in der Stadtbücherei durchgeführt werden. Alternativ können vom Lehrer Namensbücher oder andere Nachschlagewerke gestellt werden. Es wird nicht immer gelingen, die Hintergründe und Bedeutungen aller nicht europäischen Namen in Büchern zu finden: Die ausländischen Mitschüler sollten ermutigt werden, sich von ihren Eltern und Verwandten die Hintergründe ihres Namens erklären zu lassen.

Spielverlauf: Jedes Gruppenmitglied soll so viel wie möglich über seinen Namen herausfinden und berichten. Dazu gehören einerseits die sachliche Bedeutung des Namens, sein Ursprung, andererseits die persönlichen Empfindungen (die z. B. vom Klang des Namens oder von Bedeutung und Beliebtheit eines Namensvetters ausgelöst werden können), die der Einzelne zu seinem Namen entwickelt hat.

Am Ende sagt jedes Gruppenmitglied, wie es gerne genannt werden möchte.

Fragen zur Namensgeschichte können lauten:
– Hat die Bedeutung des Namens etwas mit meiner Persönlichkeit zu tun?
– Wer hat den Namen für mich ausgesucht?
– Gibt es dazu vielleicht eine Geschichte?
– Hat der Name etwas mit meiner Familie zu tun?

Kapitel 1: Vorstellen und kennen lernen, entspannen und auflockern   29

– Wurde der Name von mir oder von anderen geändert? Gab es Spitznamen?
– Haben mir meine Spitznamen gefallen?
– Welche guten oder schlechten Erfahrungen habe ich mit meinem Namen gemacht?
– Möchte ich lieber einen anderen Namen haben?

Anmerkung: Wir haben die Erfahrung gemacht, dass viele Jugendliche die Namen ihrer Mitschüler sogar am Ende der 10. Klasse noch nicht richtig kennen, aussprechen können oder sogar völlig missachten. Dies gilt insbesondere bei ausländischen Namen. Aber auch bei deutschen Schülerinnen kommt es immer wieder vor, dass Bitten um richtige Aussprache, eine andere Abkürzung oder den Gebrauch bzw. Nichtgebrauch eines Spitznamens sowohl von Mitschülern wie auch Lehrern nicht beachtet werden. Wenn Sie selbst einmal in Gedanken die Übung durchspielen, werden Sie merken, wie empfindlich Sie als Kind oder Jugendlicher in Bezug auf Ihren Namen waren. Viele persönliche Verletzungen könnten vermieden werden, wenn sorgsamer mit den Namen der Mitmenschen umgegangen würde. Die Übung kann dafür einen Anfang bilden.

Das erste Kennenlernen

Intention: einander in der Gruppe kennen lernen, sich selbst erkunden und darstellen
Altersgruppe: ab 7. Klasse
Teilnehmerzahl: bis zu Klassenstärke
Dauer: eine Einheit à 45 Minuten
Vorbereitung: Arbeitsbögen, Sicherheitsnadeln, Stifte

Spielverlauf: Die Schüler erhalten einen Arbeitsbogen (s. Seite 31) und einen relativ dicken Filzstift, damit ihre Aufschriebe auch aus 1 – 2 m Entfernung zu lesen sind. Nacheinander beantworten sie folgende Fragen und schreiben oder malen die Ergebnisse:
1. So will ich angeredet werden:
2. Was ist mir am wichtigsten: Auge (sehen, beobachten), Ohr (hören) oder Mund (sprechen, mitteilen)? Das entsprechende Sinnesorgan wird aufgemalt.
3. Was passt am besten zu mir: Dreieck, Kreis oder Pfeil? (Aufzeichnen!)
4. Wenn ich ein Tier wäre, dann wäre ich ... (Aufschreiben!)
5. Ich kann reisen, wohin ich will! Als Erstes reise ich nach: (Aufschreiben!)
6. Welches Werkzeug passt am besten zu mir: Hammer, Zange oder Feile? (Aufzeichnen!)

7. Was liegt mir mehr: der Einzelne, das Paar oder die Gruppe? (Durch Strichmännchen andeuten!)
8. Welches ist mein Traumberuf: Computerfachmann/-frau, Astronautin bzw. Astronaut, Modell, Musiker bzw. Musikerin, Kauffrau bzw. Kaufmann, Verkäufer bzw. Verkäuferin, etwas „Praktisches": z. B. Tischlerin, Schlosser, Mechanikerin etc. ...?

Anschließend heften sich die Schüler ihre Bogen an die Brust, laufen im Raum umher, betrachten die Schilder der anderen und stellen sich gegenseitig Fragen.

Auswertungshilfen: Wieder gemeinsam im Kreis können die Gruppenmitglieder zu folgenden Fragen Stellung beziehen:
Habe ich mich ehrlich dargestellt?
Welche anderen Gruppenmitglieder habe ich besser kennen gelernt und warum?
Bei welchen Personen haben sich Vermutungen oder Voreinschätzungen bestätigt bzw. bei welchen war ich überrascht?

Anmerkung: Bei der Beantwortung der Fragen haben die Schüler häufig Verständnisschwierigkeiten. So wissen sie meist nichts mit den Symbolen Dreieck, Pfeil und Kreis anzufangen oder können ihre Person keinem Werkzeug zuordnen. Sinnvoll ist es, vor Beginn der Übung gemeinsam zu überlegen, was die verschiedenen Symbole oder Werkzeuge für Persönlichkeitsmerkmale darstellen könnten.

In Anlehnung an: Gudjons 1992, Seite 49 f.

Kapitel 1: Vorstellen und kennen lernen, entspannen und auflockern   31

Arbeitsbogen „Das erste Kennenlernen"

1. So will ich angeredet werden:

2. Was ist mir am wichtigsten: Auge (sehen, beobachten), Ohr (hören) oder Mund (sprechen, mitteilen)? Das entsprechende Sinnesorgan wird aufgemalt.

3. Was passt am besten zu mir: Dreieck, Kreis oder Pfeil? (Aufzeichnen!)

4. Wenn ich ein Tier wäre, dann wäre ich ... (Aufschreiben!)

5. Ich kann reisen, wohin ich will! Als Erstes reise ich nach: (Aufschreiben!)

6. Welches Werkzeug passt am besten zu mir: Hammer, Zange oder Feile? (Aufzeichnen!)

7. Was liegt mir mehr: der Einzelne, das Paar oder die Gruppe? (Durch Strichmännchen andeuten!)

8. Welches ist mein Traumberuf: Computerfachmann/-frau, Astronautin bzw. Astronaut, Modell, Musiker bzw. Musikerin, Kauffrau bzw. Kaufmann, Verkäufer bzw. Verkäuferin, etwas „Praktisches": z. B. Tischlerin, Schlosser, Mechanikerin etc. ...?

Interviewspiel

Intention:	gegenseitiges Kennenlernen; lernen, auf den anderen einzugehen, und in der Lage sein, ihn der Gruppe vorzustellen
Altersgruppe:	ab 7. Klasse
Teilnehmerzahl:	bis zu Klassenstärke
Dauer:	zwei Einheiten à 45 Minuten
Vorbereitung:	Papier und Stifte, eventuell eine Sofortbildkamera; für die Gruppe geeignete Fragen formulieren

Spielverlauf: Die Paare haben die Aufgabe, sich gegenseitig zu bestimmten Fragestellungen (je nach Zusammen- und Zielsetzung der Gruppe ausgesucht) zu interviewen. Verbunden wird das Interview damit, dass die Partner sich gleichzeitig gegenseitig zeichnen. Sollte die Gruppe dies sehr stark ablehnen, können sich die Teilnehmerinnen auch gegenseitig fotografieren, z. B. mit einer Sofortbildkamera (Schülerinnen befürchten häufig, dass die Partnerin sie hässlich darstellt oder sie nicht gut genug zeichnen kann).
Fragen in einer neu zusammengesetzten Klasse sollten sich auf den familiären Hintergrund, auf Hobbys, Lieblingstiere usw. beziehen.

Auswertung: Haben die Partner ihr Interview beendet, stellt man sich gegenseitig der Gruppe vor. So kann jedes Gruppenmitglied gleich zu Beginn des Gruppenprozesses einmal vor der Gruppe sprechen, ohne Angst haben zu müssen, etwas „Falsches" zu sagen und sich damit zu blamieren. Die Feststellung von Gemeinsamkeiten (z. B. Hobbys, Tiere, ähnliche Wohnlage usw.) kann dazu beitragen, Vorurteile zu vermeiden bzw. aufzuheben. Die Ergebnisse werden im Klassenraum ausgestellt, sodass alle die ersten Erfolge ihrer Arbeit vor Augen haben und gegebenenfalls vergessene Informationen nachlesen können.
Eine Variante wäre, sich gegenseitig Personalausweise oder Pässe auszustellen.

Wer ist wer?

Intention:	Kontakt aufnehmen, eigene Erlebnisse schildern, etwas über sich selbst erzählen, Sprechangst abbauen
Altersgruppe:	ab 7. Klasse
Teilnehmerzahl:	bis zu Klassenstärke
Dauer:	ein bis zwei Einheiten à 45 Minuten
Vorbereitung:	Babyfotos, Papier, Klebestreifen, Schüler auffordern, Fotos mitzubringen

Kapitel 1: Vorstellen und kennen lernen, entspannen und auflockern   33

Spielverlauf: Die Bilder werden auf Papier an der Wand befestigt und nummeriert. Die Schülerinnen schauen sich die Fotos der Babys an und schreiben zusammen mit der Nummer jedes Fotos jeweils den Namen des Mitschülers, den sie in dem Baby wieder zu erkennen glauben, auf einen Zettel. Einer beginnt, etwas über sich als Baby zu erzählen. Die Gruppe hat die Aufgabe zu erraten, welches Baby sich hinter der vorgetragenen Geschichte verbirgt. Das Spiel ist zu Ende, wenn jedes Foto einer Person zugeordnet werden konnte.

Lebensstile

Intention:	den eigenen Lebensstil erkennen und anderen mitteilen
Ziel:	gegenseitiges Kennenlernen
Altersgruppe:	ab 7. Klasse
Teilnehmerzahl:	unbegrenzt, Partnerarbeit
Dauer:	eine Einheit à 45 Minuten
Vorbereitung:	keine

Spielverlauf: Jede Schülerin setzt sich mit einer Partnerin zusammen, die sie wenig kennt. Beide haben maximal fünf Minuten Zeit, um drei Dinge zu nennen, die für ihr Leben etwas sehr Wichtiges symbolisieren (z. B. ein Wollschal die Geborgenheit eines Zuhauses; Blätter stehen für Naturverbundenheit; ein Schlüssel für Unabhängigkeit; Bunt- oder Filzstifte für Malen und Kunst usw.). Sie können diese Gegenstände bei sich tragen oder in der näheren Umgebung rasch besorgen.
Die beiden Partnerinnen erklären einander, was sie mit den gewählten Dingen assoziieren. Nachdem sie sich einige Minuten unterhalten haben, sollen sie die drei Gegenstände in eine Rangfolge bringen und erklären, warum sie diese Rangfolge gewählt haben, ob ihre Wahl auf Schlüsselerlebnisse oder bestimmte schlechte Erfahrungen zurückgeht usw.

Auswertungshilfe: In der gesamten Gruppe können anschließend die Partnerinnen mit ihren Gegenständen und den dazugehörigen Assoziationen kurz vorgestellt werden.

Anmerkung: Zur Vorbereitung dieser Übung sollten Sie mit den Jugendlichen über die hier gemeinte Bedeutung des Begriffs „Lebensstil" diskutieren und Beispiele für unterschiedliche Lebensstile erarbeiten.

In Anlehnung an: Gudjons 1992, Seite 54 f.

Stellung beziehen

Intention: Gemeinsamkeiten mit und Unterschiede zu anderen wahr-
nehmen; Stellungnahmen zu Wertfragen abgeben
Altersgruppe: ab 7. Klasse
Teilnehmerzahl: bis zu Klassenstärke
Dauer: eine Einheit à 45 Minuten
Vorbereitung: keine

Spielverlauf: Die Gruppe sitzt im Kreis. Eine Person beginnt und sagt z. B.: „Ich
gehe gern zur Schule." Die Gruppenmitglieder, die zustimmen, heben den Daumen hoch. Diejenigen, die dem nicht beipflichten, senken ihn. Wer sich nicht entscheiden kann, hält den Daumen waagerecht. Nun kann der Reihe nach jedes
Gruppenmitglied eine Meinung oder einen Wunsch äußern und feststellen, wer
mit ihm übereinstimmt und wer nicht.

Anmerkung: Es bleibt dem Einzelnen selbst überlassen, wie viel er mit seinen
Äußerungen von seiner Persönlichkeit offenbaren will. So fällt z. B. die Äuße-
rung, man trage gern Turnschuhe, leichter als das Eingeständnis, in bestimmen
Situationen traurig zu sein.
Die Übung eignet sich gut für noch nicht mit Interaktionsübungen vertraute
Gruppen (und Gruppenleiter). Die Praxis hat gezeigt, dass sie den Schülern viel
Spaß macht. Nach kurzer Aufwärmphase wird das Spiel zum „Selbstläufer" und
es gibt Gruppen, die gar nicht mehr damit aufhören wollen.

Variante: Wenn der Schwerpunkt der Übung darauf liegen soll, der Gruppe zu
verdeutlichen, dass die eigenen Wertvorstellungen nicht von allen geteilt werden, kann die Gruppenleiterin die Fragen, zu denen Stellung bezogen werden
soll, vorgeben. In dieser Form eignet sich die Übung als Vorbereitung für die
Übung „Standort bestimmen". Eine Weiterführung dieses Ansatzes bildet das
Spiel „Sensitivity" (s. Seite 71 und 118).
Diese Strategie kann man gut im Zusammenhang mit spezifischen Themen
verwenden, an denen die Gruppe gerade arbeitet, sodass die Fragen einen gemeinsamen inhaltlichen Bezug haben, z. B. Freundschaft, Geld, Familie, Dro-
gen usw.
Die Gruppenmitglieder können dann auch selbst eine vorgegebene Anzahl von
Fragen an die Gruppe stellen und die Ergebnisse anschließend miteinander dis-
kutieren. Die Gruppenleiterin sollte ihre Antwort bzw. Meinung, soweit das
praktisch relativ ungezwungen machbar ist, stets zuletzt bekannt geben, um die
Schüler nicht zu beeinflussen.

Kapitel 1: Vorstellen und kennen lernen, entspannen und auflockern   35

Mögliche Fragen:
- Lügt ihr gelegentlich?
- Haben eure Väter genug Zeit für euch?
- Ladet ihr zum Geburtstag Leute ein, die ihr nicht mögt?
- Verdirbt Politik den Charakter?
- Darf man seinen Eltern sagen, wenn man wütend auf sie ist?

Kontaktaufnahme

Intention: Kontaktaufnahme zum eigenen Körper und zu den anderen
                     Gruppenmitgliedern
Altersgruppe: ab 7. Klasse
Teilnehmerzahl: bis zu Klassenstärke
Dauer: 15 Minuten
Vorbereitung: keine

Spielverlauf: Der Gruppenleiter erzählt eine Geschichte. Die Gruppenmitglieder laufen ohne Schuhe im Raum umher. Jeder läuft in dem Tempo, das ihm gefällt, und vermeidet ein „Marschieren" im Gleichschritt mit anderen Teilnehmern. Dann wird das Tempo gesteigert, indem sich jeder vorstellt, dass er durch dichtes Gedränge über den Bürgersteig eilt, um einen bestimmten Bus zu erreichen. Im Anschluss daran wird das Tempo wieder gedrosselt: Nun wandern die Gruppenmitglieder gemütlich am Strand eines Meeres entlang. Kommen sie an einer anderen Person vorbei, dann schlagen sie ihre rechten Hände leicht gegeneinander und gehen dann weiter.
Folgende Berührungen, die der Gruppenleiter jeweils angibt, probieren die Vorbeigehenden aus: die linken Hände leicht aneinander schlagen, beide Hände parallel gegen die Hände des anderen drücken, einander kurz an den Schultern schütteln, sich gegenseitig leicht die Hüfte anstoßen, die Nasenspitzen aneinander reiben usw.
Zum Abschluss gehen alle in ihrem individuell gewählten Tempo noch einmal umher und achten darauf, wie ihr Körper sich anfühlt und in welcher Stimmung sie nun sind.

Anmerkung: Bei jüngeren Schülern, die noch sehr motorisch sind, muss die Gruppenleitung darauf achten, dass die Übung nicht in gefährlichem Chaos endet. Übersprudelnde, schnelle und eventuell brutale körperliche Kontakte müssen durch klare Regelvorgabe und eventuelle Wiederholung dieser Regeln vermieden werden.

Bühnenreif

Intention:	Lernen von Namen, Spaß und Bewegung
Altersgruppe:	jede
Teilnehmerzahl:	beliebig
Dauer:	je nach Freude
Vorbereitung:	Stuhlkreis

Spielverlauf: Alle Gruppenmitglieder sitzen im Kreis. Ein Platz bleibt frei. Das Gruppenmitglied, welches links von dem freien Stuhl sitzt, beginnt mit folgendem Satz: „Mein rechter Platz ist leer, ich wünsche mir die ... / den ... als Opernsänger her." Die aufgerufene Person muss nun den Wunsch pantomimisch darstellen und darf dann anschließend selbst einen Wunsch an eine weitere Person richten. Es ist darauf zu achten , dass nicht unmögliche oder entwürdigende Rollenwünsche geäußert werden. Das Spiel endet, wenn jede Person einmal in Aktion war. Die einzelnen Personen können mehrfach aufgerufen werden.

Anmerkung: Die Gruppenleiter sollten mitspielen, damit sie den Spielverlauf steuern und eventuelle Außenseiter integrieren können.

Dieses Spiel haben wir durch Gisela Breuer, Berlin, kennen gelernt.

Namengedächtnis

Intention:	spielerisch die Namen der Gruppenmitglieder lernen
Altersgruppe:	alle Altersstufen
Teilnehmerzahl:	abhängig von der mutmaßlichen Gedächtnisleistung der Teilnehmer (eventuell mehrere Untergruppen bilden)
Dauer:	nach Lust und Laune
Vorbereitung:	keine

Spielverlauf: Alle sitzen im Kreis. Ein Gruppenmitglied beginnt, indem es seinen Namen und eine Eigenschaft nennt. Die Eigenschaft muss mit dem ersten Buchstaben seines Namens beginnen. Der linke Nachbar fährt fort, indem er den Namen und die Eigenschaft seines rechten Nachbarn wiederholt und dann seinen eigenen Namen plus Eigenschaft nennt. Nun ist der linke Nachbar des letzten Spielers dran. Er nennt alle bisher genannten Namen und Eigenschaften von Anfang an und fügt zum Schluss seinen eigenen hinzu. Das Spiel wird so lange gespielt, bis alle sich vorgestellt haben.

Kapitel 1: Vorstellen und kennen lernen, entspannen und auflockern 37

Anmerkung: Folgende Variationsmöglichkeiten dieser Übung sind möglich:
1.) Gemeinsam mit dem Namen wird ein Obst oder Gemüse, das mit dem gleichen Anfangsbuchstaben wie der Name beginnt, genannt und ebenfalls immer vom folgenden Spieler wiederholt.
2.) Jedes Gruppenmitglied macht gleichzeitig zu seiner Namensnennung eine „typische" Handbewegung, die ebenfalls ständig wiederholt wird.
3.) Jeder Teilnehmer nennt zu seinem Namen sein Hobby, sein Lieblingsessen usw.

Das soziale Netz

Intention:	Namen lernen, Kontaktaufnahme
Altersgruppe:	alle Altersstufen
Teilnehmerzahl:	bis zu Klassenstärke
Dauer:	eine Stunde
Vorbereitung:	Wollknäuel, eventuell themenbezogene Fragen entwickeln

Spielverlauf: Die Gruppe setzt sich im Kreis zusammen. Der Spielleiter hält das Wollknäuel in den Händen und beginnt sich vorzustellen:
Ich heiße: _____ . Ich habe am _____ Geburtstag. Meine Hobbys sind _____ . Anschließend wirft er das Knäuel einer beliebigen Person zu und bittet diese, seine Neugier zu befriedigen und ihm ebenfalls Name, Geburtstag und Hobbys zu nennen. Die aufgeforderte Person wickelt die Wollschnur um das linke Handgelenk, antwortet und wirft es weiter. Die Aktion ist zu Ende, wenn alle am Netz hängen. Je nach Größe der Gruppe benötigen Sie eventuell zwei Knäuel. Wenn alle am Netz „hängen", sollte ein kurzes Gespräch darüber erfolgen, wie wichtig es ist, in eine Gruppe eingebunden zu sein, und dass dieses gerade erstellte Netz symbolisch für das Miteinander und das Gruppengeschehen steht.

Variation: Es können Fragen zu aktuellen Problemen entwickelt werden, wie z. B. zu Klassenkonflikten oder themenbezogen z. B. zu Gewalt, Freundschaft usw. So kann diese Übung als Einstieg für eine thematisch orientierte Veranstaltung gewählt werden, um einen Zugang zu dem Thema und den Teilnehmern zu erhalten.

Anmerkung: Es bietet sich bei dieser Übung an, eine Hin- und eine Rückrunde zu machen. Beispiele für den Netzaufbau: „Was bedeutet für dich Freundschaft?" Netzabbau: „Was bist du bereit dafür zu tun?"

Ballspiel ohne Ball

Intention: erstes Kennenlernen, Entspannung und Auflockerung, Vorbereitung nicht sprachlicher, gestischer und körpersprachlicher Kommunikation
Altersgruppe: ab 7. Klasse
Teilnehmerzahl: mehrere Untergruppen mit 8 bis 10 Teilnehmern
Dauer: 15 Minuten
Vorbereitung: keine

Spielverlauf: Die gebildeten Kleingruppen stehen im Kreis. Der Gruppenleiter wirft einem Schüler einen nicht vorhandenen, imaginären Ball zu, der die Größe und das Gewicht eines Fußballs haben soll. Der Schüler fängt den Ball und formt ihn, ohne zu sprechen, mit den Händen in einen anderen Ball um (größer, kleiner, leichter, schwerer, oval) und wirft ihn der nächsten Schülerin zu, die ihn wieder in einen anderen Ball umformt, bevor sie ihn weiterwirft.

Nach einiger Zeit erklärt der Gruppenleiter, dass es sich um sehr heiße Bälle handele, die sehr schnell weitergegeben werden müssten, damit sich niemand verbrenne.

Als Anregung können vorher einige Ballarten aufgezählt werden: Federball, Tischtennisball, Handball, Medizinball, Golfball, Wasserball usw.

Auswertungshilfen:
– Gehen die Gruppenmitglieder mit Gefühl und Offenheit aufeinander ein?
– Wurden die „Ballumformungen" richtig gedeutet?
– Was verändert sich bei dem schnelleren Tempo?

In Anlehnung an: Gudjons 1992, Seite 187

Dialog mit den Fingerspitzen

Intention: ohne gesprochene Worte näheren Kontakt herstellen
Altersgruppe: ab 7. Klasse
Teilnehmerzahl: beliebig viele Paare
Dauer: eine Einheit à 45 Minuten
Vorbereitung: keine

Spielverlauf: Nachdem die Paare gebildet wurden, schreiben die Partnerinnen einander mit sanfter, aber spürbarer Zeigefingerspitze in großen Blockbuchsta-

Kapitel 1: Vorstellen und kennen lernen, entspannen und auflockern   39

ben langsam persönliche Mitteilungen auf den Rücken. Sie durften vorher mündlich vereinbaren, was sie voneinander wissen wollen. Erfahrungsgemäß wird sich daraus ein ganz normales Gespräch entwickeln, denn differenziertere Mitteilungen lassen sich schon aus zeitlichen Gründen nicht anders austauschen. Nach dem Dialog mit den Fingerspitzen kann jede ihre Tastpartnerin der Gruppe vorstellen. Diese ungewohnte Art, sich zu verständigen, lässt die Schülerinnen den oft vernachlässigten Tastsinn wieder entdecken.

Anmerkung: Auch Vokabeln oder Rechenaufgaben können als Tastinformationen ausgetauscht werden.

Ankunft und Besinnung

Intention:	sich auf die anstehende gemeinsame Arbeit vorbereiten, Spannungen und Stress abbauen, Konzentration auf die nächsten Schritte ermöglichen
Altersgruppe:	ab 7. Klasse
Teilnehmerzahl:	beliebig, Auswertung in Kleingruppen
Dauer:	eine Einheit à 45 Minuten
Vorbereitung:	keine

Spielverlauf: Die Gruppenmitglieder sitzen bequem und entspannt und schließen die Augen. Nach einer Phase der Körperentspannung – es wird ruhig und tief ein- und ausgeatmet, der Körper wird Schritt für Schritt, vom Nacken über die Schultern bis zu den Füßen, bewusst entspannt – werden die Schüler gebeten, ihren bisherigen Tagesablauf in Ruhe nachzuerleben:
– Wie bist du heute aufgestanden?
– Wem bist du begegnet?
– Was ging dir durch den Kopf?
– Was hast du empfunden, als du herkamst?
– Wie hast du diesen Raum betreten?
– Wen hast du zuerst bemerkt?
– Entscheide dich, welche Gedanken, welche Sorgen, Probleme aus dem Alltag du jetzt für eine Weile beiseite tun willst.
– Lege sie in einen großen Korb, den jemand aus dem Raum herausträgt.

Nach einigen Minuten Besinnung öffnen die Gruppenmitglieder die Augen wieder, schauen sich im Raum um, nehmen ihn wahr und werden sich bewusst, dass sie hier eine Weile miteinander arbeiten werden.

Auswertungshilfen: Ist die Gruppe größer als 8 bis 10 Teilnehmer, sollte die Auswertung in kleineren Untergruppen erfolgen. Mögliche Fragen könnten dabei sein:
– Hat die Übung meine Einstellung zur weiteren Arbeit verändert?
– Kann ich entspannter und unverkrampfter mit den übrigen Gruppenmitgliedern umgehen?
– Was sollte geändert werden, damit ich mich besser und entspannter fühle (im Verhalten der anderen, an der räumlichen Situation ...)?

Anmerkung: Die Übung fördert das Zustandekommen einer ruhigen Offenheit, in der Empfindungen geäußert werden, die häufig, wenn sie unausgesprochen bleiben, die Arbeitsatmosphäre stören.
In größeren Gruppen kann die Auswertung, um nicht zu viel Zeit in Anspruch zu nehmen, auch in Untergruppen oder nur mit einigen Gruppenmitgliedern erfolgen. Bei regelmäßiger Durchführung – z. B. wöchentlich – können dann immer wieder andere Jugendliche zu Worte kommen, sodass jeder einmal drankommt.

In Anlehnung an: Gudjons 1992, Seite 211 f.

Wettermassage – Kater Anton und das Wetter

Intention: sich gegenseitig etwas Gutes tun
Altersgruppe: ab 7. Klasse
Teilnehmerzahl: bis zu Klassenstärke
Dauer: circa 20 Minuten
Vorbereitung: Paarbildung

Spielverlauf: Die Schüler setzen sich jeweils hinter ihre Partner. Während die Gruppenleiterin die folgende Geschichte vorliest, berühren sie die Rücken ihrer Partner auf verschiedenste Art und Weise: Wenn es hagelt, klopfen sie kräftig mit den Fingerkuppen, bei Sonne streicheln sie sanft und warm, Blitze werden als Zacken auf den Rücken gemalt, bei Wind wird kräftig über den Rücken gestrichen usw. Der Fantasie sind keine Grenzen gesetzt. Die unterschiedlichen Berührungen sollen aber für die Partner angenehm sein. Nach etwa der Hälfte der Geschichte tauschen die Schüler die Plätze, damit jeder einmal in den Genuss der Massage kommt.

Anmerkung: Die Schülerinnen können selbst fantasievolle Geschichten schreiben, die für eine Partnermassage geeignet sind, und praktisch ausprobieren.

Kapitel 1: Vorstellen und kennen lernen, entspannen und auflockern 41

Machen Sie nicht den Fehler zu glauben, dass Jugendliche (insbesondere männliche) keine Freude an solchen Übungen hätten. Zunächst wird es ihnen fremd und ungewohnt sein, sich gegenseitig sanft und zärtlich zu berühren, aber wenn sie sich erst einmal darauf eingelassen haben, mögen sie gar nicht mehr damit aufhören. Jeder Jugendliche sehnt sich nach Zärtlichkeit. Falls möglich bzw. nötig, sollten Sie anfangs die Übung in getrenntgeschlechtlichen Gruppen durchführen, damit pubertäre Albernheiten reduziert werden. Auf jeden Fall stellen Sie nur gleichgeschlechtliche Paare zusammen.

Kater Anton und das Wetter

Es ist Sommer, Mittagszeit, die Sonne scheint, es sind 30 Grad im Schatten. Anton, der Kater, liegt auf dem Fensterbrett und hält einen ausgiebigen Mittagsschlaf. Die helle Sonne scheint auf seinen Rücken und sein Fell wird wunderbar warm und glänzt.
Plötzlich wird ziemlich laut die Haustür geöffnet. Frau Meier betritt mit voll gepackten Taschen den Raum. Der Einkauf war ziemlich umfangreich und sie stellt schnell ihre schweren Taschen auf den Boden. Dabei vergisst sie die Wohnungstür wieder zu schließen.
Anton hebt langsam den Kopf, ein sanfter Luftzug streicht über sein warmes Fell. Er reckt und streckt sich kurz und springt vom Fensterbrett, läuft rasch zur offenen Tür und betritt den Garten. Dort ist es ziemlich windig, fast stürmisch. Von Ferne grollt leise ein Donner und am Horizont sind bereits die ersten Blitze eines Gewitters zu sehen.
Der Kater fühlt die ersten zarten Regentropfen auf der Nase. Er schüttelt sich etwas, läuft aber weiter auf den Rasen. Plötzlich beginnt es heftig zu gießen. Im Nu ist Anton völlig nass. Blitz und Donner werden heftiger und lauter. Anton schüttelt sich und schüttelt sich, das ist ihm viel zu viel Regen, er will zurück ins Haus. Aber er muss feststellen, dass die Haustür geschlossen ist.

Was tun?

Er läuft schnell unter einen dichten Strauch, gerade rechtzeitig, denn plötzlich fallen merkwürdige, durchsichtige runde Kugeln vom Himmel. Anton ist ratlos. Was ist das? Hagelkörner hat er noch nie gesehen.

Er erinnert sich an die kalte Zeit. Die Menschen nennen sie Winter. Da ist er eines Tages auf die Terrasse gelaufen, als so seltsames weißes Zeug sanft vom Himmel fiel.
Immer, wenn er es fangen wollte, war es plötzlich weg. Frau Meier hat gesagt: „Schnee, Anton, es schneit." Der Garten wurde ganz weiß und erst viel später, als die Sonne wieder kräftig schien, war das weiße Zeug plötzlich weg.

Aber das hier? Es ist hart und schwer und trommelt auf die Wegplatten. Das möchte er nicht auf Kopf und Rücken bekommen.

Als es aufhört zu hageln, steckt der Kater vorsichtig die Nase unter den Blättern des Strauches hervor. Es tröpfelt noch etwas vom Himmel, aber der Regen ist warm und sanft. Anton setzt vorsichtig die Pfote auf den Weg, es ist zwar noch etwas feucht, aber nun will er doch schnell wieder ins Haus. Vor der Haustür beginnt er kläglich zu maunzen, bis ihm endlich die Tür geöffnet wird. Nun aber nichts wie rein und zurück auf die Fensterbank. Von diesem Stress muss er sich erst einmal durch einen langen Schlaf in der Sonne erholen.

Er hat Glück, die Sonne hat einen Weg durch die dunklen Wolken gefunden, auf dem Fensterbrett ist es warm und gemütlich. Am Himmel strahlt ein wunderschöner Regenbogen. Anton gähnt lange und genüsslich. Dann rollt er Kopf und Schwanz ein und beginnt sofort zu träumen, von Schnee, Hagel, Regen, Blitz und Donner, aber am liebsten ist ihm doch die Sonne auf dem Rücken.

Guter Geist

Intention:	die Gruppenmitglieder miteinander in Kontakt bringen und das Gruppengefühl vertiefen
Altersgruppe:	ab 7. Klasse
Teilnehmerzahl:	bis Klassenstärke
Dauer:	10 bis 15 Minuten
Vorbereitung:	Der Raum muss frei sein von gefährlichen und spitzen Gegenständen, an denen sich die Gruppenmitglieder verletzen könnten.

Spielverlauf: Alle Gruppenmitglieder gehen mit geschlossenen Augen durch den Raum. Sie sind auf der Suche nach einem „Guten Geist". Wer eine Person zu fassen bekommt, schüttelt deren Hand und fragt sie: „Geist?" Fragt die angesprochene Person zurück „Geist?", dann wurde kein „Guter Geist" gefunden, sondern lediglich ein anderer Sucher. Mit geschlossenen Augen gehen die Gruppenmitglieder weiter und fragen die nächste Person. Irgendwann teilt der Spielleiter leise einem Gruppenmitglied mit, es sei ein Geist. Da ein Geist sehen kann, darf dieses Gruppenmitglied die Augen öffnen. Der Geist ist jedoch stumm. Wer also einen Geist trifft und dessen Hand schüttelt, wird keine Antwort erhalten. Diese Person ist am Ziel. Sie darf dann ebenfalls die Augen öffnen und den Geist bei der Hand fassen und schweigend mit ihm umhergehen. Jede Person, die den Geist trifft, schließt sich der wandernden, schweigenden Geisterkette an. Diese wächst, bis alle Gruppenmitglieder sich angeschlossen haben.

Kapitel 1: Vorstellen und kennen lernen, entspannen und auflockern   43

Anmerkung: Abschließend spricht die Gruppe darüber, wie ihr die Übung gefallen hat und wie die Gruppenmitglieder sich nun fühlen. *(Vgl. Walker 1995)*

Prominentenrunde

Intention:	Kontaktaufnahme, Formulieren, spielerisches Hineinversetzen in Rollen üben
Altersgruppe:	ab 7. Klasse
Teilnehmerzahl:	Klassenstärke
Dauer:	15 Minuten
Vorbereitung:	vorgefertigte Karten mit Bildern und gut lesbaren Namen von Prominenten, Politikern, historischen Persönlichkeiten usw.

Spielverlauf:
1. Phase: Jedem Gruppenmitglied wird ein Bild einer berühmten Persönlichkeit auf den Rücken geheftet. Die Beteiligten laufen durch den Raum und haben die Aufgabe, durch das Befragen der anderen Spieler herauszufinden, welche Persönlichkeit sie selbst zur Zeit darstellen. Die befragten Spieler dürfen auf alle Fragen nur mit Ja oder Nein antworten. Beispiel für eine mögliche Frage: „Bin ich ein weibliches Wesen?" Antwort: „Ja!" Frage: „Übe ich meinen Beruf auf der Bühne aus?" Antwort: „Ja!" Frage: „Habe ich einen berühmten Bruder?" Antwort: „Ja!" Die zu erratende Person könnte bei diesem Beispiel Janet Jackson sein.
2. Phase: Wenn alle Persönlichkeiten erraten worden sind, wird ein Statement an die Tafel geschrieben und die einzelnen Gruppenmitglieder müssen sich zu dieser Aussage in ihrer Rolle als Berühmtheit äußern. Das sollte möglichst spontan geschehen.

Anmerkung: Bei diesem Diskussionsspiel eignen sich sehr gut widersprüchliche Aussagen, wie „Jungen sind mutiger als Mädchen", „Frauen machen sich mehr Sorgen als Männer" usw. Anfänglich fällt es den Jugendlichen oft etwas schwer, sich in ihre Rolle einzufinden. Dabei ist es wichtig, dass den Jugendlichen immer wieder Mut gemacht wird, indem sie auch in ihrer Rolle angesprochen werden. Beispiel: „Was sagt denn die Queen Elizabeth zu dem Beitrag von Donald Duck?"

Dieses Spiel haben wir auf einer Veranstaltung von Pro Familia Berlin kennen gelernt.

Gegenstände wählen

Intention: Paarbildung nach Zufallsprinzip, dabei vom Partner etwas kennen lernen
Altersgruppe: ab 7. Klasse
Teilnehmerzahl: bis zu Klassenstärke
Dauer: 10 Minuten
Vorbereitung: keine

Spielverlauf: Die Hälfte der Gruppenmitglieder verlässt den Raum. Jeder der Zurückgebliebenen legt einen persönlichen Gegenstand (Mütze, Kugelschreiber, Schmuck, Schal, Schlüsselbund usw.) auf den Tisch. Nun kehren die restlichen Gruppenmitglieder zurück in den Raum und entscheiden sich jeweils für einen der Gegenstände auf dem Tisch. Dessen Besitzerin wird die Übungspartnerin sein. Die Schülerinnen können vorher raten, wem wohl die einzelnen Gegenstände gehörten. Wenn möglich, sollen sie ihre Vermutung ganz kurz begründen.

Berühmte Paare

Intention: Paarbildung nach Zufallsprinzip
Altersgruppe: ab 7. Klasse
Teilnehmerzahl: bis zu Klassenstärke
Dauer: 10 Minuten
Vorbereitung: Paare aus Geschichte, Literatur getrennt auf Zettel schreiben

Spielverlauf: Alle Gruppenmitglieder erhalten Zettel, auf denen Personen stehen, die jeweils mit einem Partner ein berühmtes Paar bilden (wie Asterix und Obelix, Claudia Schiffer und David Copperfield, Bill und Hilary Clinton, Tom Cruise und Nicole Kidman, Fix und Foxi usw.). Jeder macht sich nun auf die Suche nach seinem passenden Partner.

Anmerkung: An Stelle von berühmten fiktiven oder realen Paaren kann man auch Gegensätze (wie „schwarz – weiß", „warm – kalt") oder Zusammengehörendes (wie „Paris – Eiffelturm", „Berlin – Brandenburger Tor") benutzen. Auch übereinstimmende Farben oder Symbole, die alle einander sehr ähnlich sind, sich bei nur oberflächlichem Hinsehen gleichen, können gut zur Paarbildung verwandt werden.

Puzzle

Intention:	Paar- oder Gruppenbildung nach Zufallsprinzip
Altersgruppe:	ab 4. Klasse
Teilnehmerzahl:	beliebig
Dauer:	je nach Gruppengröße 10 bis 20 Minuten
Vorbereitung:	Fotos oder Bilder zerschneiden, (Die Anzahl der Teile richtet sich nach der gewünschten Untergruppengröße.)

Spielverlauf: Die zerschnittenen Fotos oder Bilder werden gemischt und an die Gruppenmitglieder verteilt. Diese sollen nun die ursprünglichen Zusammenhänge wiederherstellen. Um das Verfahren nicht zu sehr in die Länge zu ziehen, ist es sinnvoll, sehr unterschiedliche Darstellungen auszusuchen. Sollen die Untergruppen zu bestimmten Themen arbeiten, so ist es auch denkbar, Bilder auszusuchen, die bereits die jeweiligen Themenbereiche kennzeichnen.

Kapitel 2
Sehen und gesehen werden – Selbst- und Fremdwahrnehmung

Einleitung

Wir erleben oft, dass Schülerinnen und Schüler mit ihren Problemen, Gefühlen, Gedanken zu Hause nicht genügend Aufmerksamkeit erfahren. Deshalb bieten wir ihnen über die Interaktionsübungen zur Selbst- und Fremdwahrnehmung die Möglichkeit, innerhalb des schulischen Alltags zu lernen, ihre Gefühle wahrzunehmen, sich selbst und andere einzuschätzen und mit der Einschätzung anderer umzugehen. Jugendliche sollen in der Schule einen Ort vorfinden, in dem sie die Möglichkeit haben, etwas über sich zu erzählen und gleichzeitig zu erfahren, was das Erzählte bei anderen auslöst. Sie müssen lernen, ihre bewusste Selbstwahrnehmung adäquat zu vermitteln. Aber Sie müssen auch lernen, zuzuhören, um Verständnis zu entwickeln. Nur über gegenseitiges Verstehen und Achten entsteht eine solide Grundlage für einen friedlichen Umgang miteinander.

Die Übungen eignen sich, entspannt in diese Thematik einzusteigen, und tragen dazu bei, den Jugendlichen die Erfahrung zu vermitteln, dass sie durchaus Fähigkeiten besitzen, ihre Mitschülerinnen und Mitschüler wahrzunehmen, auf sie einzugehen und deren Verhalten einzuschätzen. Wenn dabei die sozialen Hintergründe der Jugendlichen transparent werden, hebt sich die Anonymität zwischen ihnen auf. Das Handeln des Einzelnen erscheint fassbar und die Jugendlichen können Ideen für alternatives Verhalten entwickeln.

Die Körpersprache spielt in der Kommunikation eine wichtige Rolle. Worte werden dazu benutzt, um Sachinformation weiterzugeben, während die Gefühle vielfach über den Körper in Form von Mimik, Gestik und Stimmungslage zum Ausdruck gebracht werden („Die hat so blöd geguckt"). Übungen, bei denen sich Wahrnehmungsfähigkeiten wie das Sehen, Fühlen und Tasten entwickeln, sollen Jugendliche für ihren eigenen Körper und ihre eigenen Gedanken sensibilisieren.

Mit den folgenden Übungen können die Schüler Möglichkeiten nutzen und sehen, wie ihre Mitschülerinnen auf sie reagieren. Sie können ihre Position innerhalb der Gruppe überprüfen und gegebenenfalls verändern. Je nach Verlauf der Übungen verändern sich die Beziehungen in einzelnen Gruppen. Die Jugendlichen gehen ein Stück ihres Weges gemeinsam.

Scotland Yard

Intention:	Persönlichkeitsmerkmale herausfinden
Altersgruppe:	ab 7. Klasse
Teilnehmerzahl:	bis zu Klassenstärke
Dauer:	zwei Einheiten à 45 Minuten
Vorbereitung:	Formular Scotland Yard

Spielverlauf: Die Schülerinnen erhalten ein vorbereitetes Formular und haben 25 Minuten Zeit, um es auszufüllen. Anschließend sammelt die Lehrkraft die ausgefüllten Formulare ein und liest diese einzeln vor. Aufgabe der Gruppe ist es, zu erraten, wer von Scotland Yard gesucht wird.

Anmerkung: Erfahrungsgemäß sind die Schülerinnen bei diesem Spiel sehr aufgeregt und wollen möglichst schnell alle an die Reihe kommen. Es ist sinnvoll, vor Beginn der Auflösung zu verabreden, dass erst alle Daten vorgelesen werden. Die Jugendlichen neigen dazu, wahllos Namen in die Klasse zu rufen, ohne den Vorschlag zu begründen. Dieses sollte von der Lehrkraft unterbunden werden. Das Spiel gewinnt an Reiz, wenn zwischen dem Ausfüllen des Arbeitsbogens und der Auflösung etwas Zeit liegt.

In Anlehnung an: Vopel 1992 b, Seite 5 ff.

Kapitel 2: Sehen und gesehen werden – Selbst- und Fremdwahrnehmung   51

Formular „Scotland Yard"

Du stehst seit längerem auf der Vermisstenliste der Polizei. Der Spezialagent von Scotland Yard bekommt die Aufgabe, nach dir zu suchen. Beschreibe an Hand der folgenden Fragen, wonach der Agent suchen soll.

1. Was ist der Grund deines Verschwindens?

2. Beschreibe dein Äußeres (Größe, Gewicht, Alter, Haarfarbe)

3. Wie bewegst du dich?

4. Wie sprichst du?

5. Hast du unveränderliche Merkmale? Wenn ja, welche?

6. Welches sind die Lieblingsorte, die du vermutlich aufsuchen wirst?

7. Hast du bestimmte Angewohnheiten?

8. Mit welchen Menschen warst du zusammen und warum?

9. Wo hast du gegessen und wo hast du geschlafen?

10. Wird dich der Agent von Scotland Yard finden oder kehrst du von allein nach Hause zurück?

11. Falls du von allein zurückkehren solltest, dann nenne die Gründe dafür!

Was ist gelogen?

Intention: gegenseitiges Kennenlernen
Altersgruppe: ab 4. Klasse
Teilnehmerzahl: Klassenstärke
Dauer: eine Schulstunde
Vorbereitung: Arbeitsbogen kopieren

Spielverlauf: Die einzelnen Gruppenmitglieder erhalten einen Arbeitsbogen, auf dem drei Aussagen stehen, die vollständig beantwortet werden sollen. Dann liest jedes Mitglied seine Aussagen vor, von denen aber nur zwei der Wahrheit entsprechen dürfen, eine Antwort muss geschwindelt sein. Anschließend ist es Aufgabe der Gruppe, zu erraten und zu begründen, bei welcher Aussage geschwindelt wurde und woran die „gelogene" Aussage zu erkennen war (Mimik, Gestik, Stimme, Körperhaltung usw.).

Kapitel 2: Sehen und gesehen werden – Selbst- und Fremdwahrnehmung

Beispiel für einen Arbeitsbogen zu „Was ist gelogen?"

1. Aussage
Als Kind hatte ich immer am meisten Angst, wenn ..., weil ...

2. Aussage
Im Allgemeinen war ich ein/e ... Schüler/in der Schule, weil ...

3. Aussage
Über ... konnte ich mit meinen Eltern gut reden, weil ...

Eine Person beschreiben

Intention: genaue Beobachtung und Wahrnehmung üben, diese Beobachtungen in klaren Beschreibungen ausdrücken lernen
Altersgruppe: ab 7. Klasse
Teilnehmerzahl: bis zu Klassenstärke
Dauer: pro Beschreibung einer Person (inkl. Tafelanschrieb) circa fünf bis zehn Minuten
Vorbereitung: Tafel und Kreide oder Papier und Stifte

Spielablauf: Ein Gruppenmitglied verlässt den Raum. Die anderen sollen den Abwesenden möglichst genau beschreiben: Größe, Augen- und Haarfarbe, Schuhe, Schmuck, Kleidung, Charakter, Eigenschaften usw. Die Merkmale werden an der Tafel festgehalten. Kehrt die betreffende Person in den Raum zurück, so wird an Hand der Tafelaufzeichnungen verglichen, inwieweit sie richtig beschrieben worden ist.

Auswertung: Bei dieser Übung sind ruhigere Jugendliche in der Regel genauere Beobachter als ihre lautstarken Klassenkameraden. Es ist interessant zu erkennen, welche Gruppenmitglieder genau und welche nur oberflächlich beschrieben werden. Die Teilnehmer sollten sich fragen, ob ein Zusammenhang zwischen der Art der Beschreibung des Einzelnen und seiner Stellung in der Gruppe besteht.

Sender und Empfänger

Intention: Informationen genau weitergeben und empfangen; üben, das Empfangene sowie das Weitergegebene nach Wichtigkeit zu ordnen
Altersgruppe: ab 7. Klasse
Teilnehmerzahl: bis zu Klassenstärke
Dauer: je nach Gruppengröße zwei bis vier Einheiten à 45 Minuten
Vorbereitung: jeweils drei rote und drei grüne Karteikarten in Postkartengröße für alle Gruppenmitglieder

Spielverlauf
1. Phase: Es werden Paare nach einem Zufallsprinzip gebildet (siehe Übungen zur Paarbildung). Die Paare erhalten die Aufgabe, sich über drei vorgegebene Dinge zu unterhalten.

Kapitel 2: Sehen und gesehen werden – Selbst- und Fremdwahrnehmung   55

Folgende Möglichkeiten sind denkbar:
- Die Schüler unterhalten sich frei über ihre Interessen, Hobbys usw.
- Sie reden über drei Bilder, die sich jeder ausgesucht hat.
- Sie sprechen über drei Dinge, die sie dabei hatten und die ihnen wichtig sind.
- Sie erhalten zu einem bestimmten Thema vom Gruppenleiter formulierte Fragen.

Die Paare haben circa 20 Minuten Zeit, ihre Informationen miteinander auszutauschen.

2. Phase: Die Gruppe trifft sich zum vereinbarten Zeitpunkt wieder und die Paare müssen sich trennen. Jeder muss nun auf den dafür vorgesehenen Karten die drei wichtigsten Informationen, die er empfangen hat, sowie auf den andersfarbigen Karten die drei wichtigsten Informationen, die er weitergegeben hat, notieren.

3. Phase: Nun werden die Informationen, die weitergegeben (gesendet) und aufgenommen (empfangen) wurden, miteinander verglichen. Dazu werden jeweils die zusammengehörenden Karten von Sender und Empfänger nebeneinander an die Wand gehängt. Stimmt die ausgesandte Botschaft mit der empfangenen Botschaft überein, können die Karten auf gleicher Ebene aufgehängt werden. Je weiter sich die Inhalte voneinander unterscheiden, desto weiter auseinander werden die Karten platziert. Dies wird für jedes Sender-Empfänger-Paar durch das Aufhängen der Karten sichtbar gemacht. Am Ende wird verglichen, welche Botschaften richtig aufgenommen wurden, welche sich unterscheiden, und es wird gemeinsam überlegt, warum diese Fehler wohl aufgetreten sind.

Gruppentick

Intention: Konzentration und Aufmerksamkeit, Spaß und Freude
Altersgruppe: jede
Teilnehmerzahl: Klassenstärke
Dauer: je nach Lust und Laune
Vorbereitung: keine

Spielverlauf: Eine Person wird vor die Tür geschickt und darf die Absprachen, die in der Klasse getroffen werden, nicht hören. Der Tick der Gruppe äußert sich wie folgt: Die Person wird wieder hereingerufen und muss jeder mitspielenden Person eine Frage stellen, auf die diese nicht mit Ja oder Nein antworten kann, sondern nur mit einem Wort oder mit einem Satz. Zum Beispiel: Die erste Person bekommt die Frage: Wie ist das Wetter heute? Es erfolgt eine Nonsens-Antwort wie: laut. Nun wird die nächste Person etwas gefragt, z. B.: Welche Farbe hat der Himmel? Dieser Schüler antwortet jetzt auf die erste Frage. Die Antwort auf die erste Frage wäre: schön! Nun bekommt die dritte Person eine Frage und diese antwortet ebenfalls auf die Frage zuvor.

Der Tick dieser Gruppe besteht also darin, immer auf die vorherige Frage zu antworten. Erkennt der Fragende das System, ist das Spiel beendet. Achtung: Bei jedem Neuanfang ist die Antwort auf die erste Frage eine völlig willkürliche.

Anmerkung: Es ist sinnvoll, immer mehrere Schüler vor die Tür zu schicken, da ansonsten das Spiel nach einem Durchgang schon beendet ist. Es bietet sich auch an, Fremde, z. B. Kollegen, in die Klasse zu rufen, damit sie den Tick herausfinden.

Schrumpfendes Bild

Intention:	visuelle Eindrücke präzise sprachlich wiedergeben; erfahren, dass Wahrnehmung immer subjektiv-selektiv ist
Altersgruppe:	ab 7. Klasse
Teilnehmerzahl:	bis zu Klassenstärke
Dauer:	eine Einheit à 45 Minuten
Vorbereitung:	vier verschiedene Bogen zeichnen, die jeweils neben- und untereinander angeordnet werden (links oben, links unten, rechts oben und rechts unten); eventuell Aufnahme der Beschreibungen mit einem Tonband

Spielverlauf: Fünf bis sieben Schüler verlassen den Raum und werden nacheinander wieder hereingerufen. Das erste hereingerufene Gruppenmitglied darf die vier Bilder so lange betrachten, bis es meint, dass es alles, was darauf abgebildet ist, mündlich weitergeben kann. Dann werden die Bilder verdeckt und das nächste Gruppenmitglied darf den Raum wieder betreten. Ihm werden nun von dem ersten Schüler die vier Bilder so genau wie möglich beschrieben. Nachfragen dürfen nicht gestellt werden. Es folgt dann der nächste Schüler und die Beschreibungen werden wieder möglichst genau an ihn weitergegeben. Dieser Vorgang wiederholt sich so oft, bis das letzte Gruppenmitglied wieder hereingerufen wurde. Dieses hat dann die Aufgabe, das, was ihm erzählt wurde, an die Tafel zu malen. Anschließend werden die Bilder mit der Zeichnung des Gruppenmitglieds verglichen.

Kapitel 2: Sehen und gesehen werden – Selbst- und Fremdwahrnehmung   57

Die restliche Gruppe hat die Aufgabe, schriftlich festzuhalten, welche Informationen bei der Weitergabe verloren gingen, verändert wurden, wo etwas hinzugefügt wurde usw.
Auf Grund dieser Notizen wird gemeinsam rekonstruiert, wie sich die Informationen zunehmend verändert haben. Anschließend kann mit Hilfe einer Tonbandaufnahme der Vorgang noch einmal nachvollzogen werden.

Auswertungshilfen: Auf welche Art und Weise haben sich die Bildbeschreibungen verändert?
Was wird besser behalten: das Gesehene oder das Gehörte?
Sind Mechanismen selektiver Wahrnehmung deutlich geworden? Wenn ja, welche?
Warum lässt man manches weg, betont anderes und ergänzt vielleicht sogar etwas ganz Neues?

Anmerkung: Eine leistungsorientierte Bewertung der Gruppenmitglieder ist nicht sinnvoll. Es geht darum, zu erkennen, dass jeder die Dinge von seinem individuellen Standpunkt her betrachtet bzw. hört und in sein individuelles Wahrnehmungsraster einordnet. Dabei erfahren scheinbar objektive Informationen immer wieder individuelle Veränderungen. Dieses geschieht z.B. bei Zeugenaussagen oder bei der Entstehung von Gerüchten („Klatsch und Tratsch").

In Anlehnung an: Gudjons 1992, Seite 70 f.

Wenn ich ein Vogel wäre

Intention: Hilfe für Jugendliche, sich darüber bewusst zu werden, wer
                       sie sind und was sie gerne sein möchten.
Altersgruppe: ab 7. Klasse
Teilnehmerzahl: bis zu Klassenstärke
Dauer: zwei Einheiten à 45 Minuten
Vorbereitung: Arbeitsbogen kopieren (siehe Seite 59)

Spielverlauf: In dieser Übung werden die Schülerinnen aufgefordert, ihre Fantasie einzusetzen, indem sie sich in unterschiedliche Gegenstände, Pflanzen, Tiere usw. verwandeln können. In den ersten 20 Minuten füllen sie individuell ihre Formulare aus. Anschließend suchen sie sich eine Partnerin und besprechen ihre Verwandlungswünsche. Sie teilen sich gegenseitig mit, ob sie von dem jeweiligen Verwandlungswunsch überrascht sind, ihn erwartet haben oder ob sie sich selbst dahin verwandeln möchten. Dafür stehen 25 Minuten zur Verfügung. Danach treffen sich alle im Klassenverband und jede darf ihre Lieblingsverwandlung mit einer kleinen Begründung bekannt geben.

Anmerkung: Das Gespräch in den Zweiergruppen kann entfallen, das Klassengespräch sofort beginnen.

Auswertungsfragen: Gibt es Situationen, in denen ihr euch vorstellt, dass ihr euch in etwas verwandelt?
Habt ihr etwas Neues über euch erfahren?
Habt ihr etwas Neues über einen Mitschüler oder eine Mitschülerin erfahren?
Welche Verwandlung sagt am meisten über euch aus?

Kapitel 2: Sehen und gesehen werden – Selbst- und Fremdwahrnehmung   59

Arbeitsbogen „Wenn ich ein Vogel wäre"

Lasse deiner Fantasie freien Lauf. Verwandle dich sooft du möchtest.

Wenn du eine Pflanze wärst, dann wärst du am liebsten

_____

weil _____

Wenn du ein Tier wärst, dann wärst du am liebsten

_____

weil _____

Wenn du eine Farbe wärst, dann wärst du am liebsten

_____

weil _____

Wenn du ein Auto wärst, dann wärst du am liebsten

_____

weil _____

Wenn du ein Musikinstrument wärst, dann wärst du am liebsten

_____

weil _____

Nun suche dir deine Lieblingsverwandlung aus:

_____

Was glaubst du, welchen Vorteil sie dir bringen würde?

_____

In Anlehnung an: Vopel 1992 b, S. 2 ff.

Selbstbild

Intention:	Einstieg in die geschlechtsspezifische Arbeit
Altersgruppe:	8. Klasse
Teilnehmerzahl:	bis zu Klassenstärke
Dauer:	je nach Gruppenstärke für die 1. Phase bis zu 2 Einheiten à 45 Minuten, für die 2. Phase 45 Minuten, für die 3. Phase noch einmal 45 Minuten
Vorbereitung:	Arbeitsbögen kopieren (siehe Seite 62 ff.), kleine Zettel, Stifte

Spielverlauf

1. Phase: Jedes Gruppenmitglied erhält ein kleines Kärtchen und notiert darauf zehn Begriffe, die seinem Wunschbild von sich selbst entsprechen. In diesem ersten Schritt geht es nur um Äußerlichkeiten. Die Kärtchen werden an die Wand gehängt. Anschließend überprüft die Person zunächst selbst, inwieweit das dort festgehaltene Bild mit der Realität übereinstimmt. Die anderen Gruppenmitglieder können sich dann ebenfalls dazu äußern.

Folgende Fragen können bei der Auswertung des Selbstbildes behilflich sein:
– Was verbindet die Person mit den dargestellten Begriffen (Typen)?
– Wie wesentlich sind die verschiedenen Wünsche?
– Warum wurden veränderbare Dinge von ihr noch nicht verändert?
– Inwieweit sind die Wünsche durch die Gesellschaft (Werbung, Film, Freunde, Eltern usw.) fremdbestimmt?

2. Phase: Jedes Gruppenmitglied kreuzt für sich auf dem Fragebogen „Wie möchtest du auf den ersten Blick wirken?" eine Möglichkeit an. Anschließend dürfen Freiwillige auf dem „Heißen Stuhl" Platz nehmen und sich von den anderen Gruppenmitgliedern sagen lassen, wie sie auf den ersten Blick wirken. Dies wird mit den gekennzeichneten Antworten verglichen.

Anmerkung: Sollten Verständnisschwierigkeiten (Wie hat der/die das gemeint?) auftauchen, müssen diese unbedingt gemeinsam geklärt werden. Positiv Gemeintes darf beim Betroffenen auf keinen Fall negativ ankommen.

3. Phase: Auf dem Blatt „Welche der folgenden ..." (Seite 65) kreuzen die Gruppenmitglieder Eigenschaften und Fähigkeiten an, die ihnen für sich selbst wichtig sind. Auch diese können sie mit dem „Wirkungswunsch" vergleichen.
Eine Aufarbeitungsmöglichkeit besteht darin, die verschiedenen gewünschten

Kapitel 2: Sehen und gesehen werden – Selbst- und Fremdwahrnehmung   61

Eigenschaften durch Personen darzustellen. Die Person, die die wichtigste Eigenschaft verkörpert, steht am nächsten, diejenige mit der unwichtigsten Eigenschaft am entferntesten. So entsteht ein Standbild, das die Wichtigkeit der geäußerten Wünsche sichtbar macht.

Kommentar: Für manche Erwachsene mag diese Übung zunächst abschreckend wirken. Sie müssen immer bedenken, dass für Jugendliche die eigene Wirkung auf andere, insbesondere potenzielle Sexualpartner, einer der zentralen Punkte des Lebens ist. Dabei spielen Äußerlichkeiten und Kleidung eine große Rolle. Mit dieser Übung besteht die Chance, von den Medien und der Werbung vorgegebene Schönheitsideale und -normen in Frage zu stellen und eigene Vorstellungen zu entwickeln. In den Gruppen sollte bereits ein gewisses Vertrauensverhältnis bestehen, das persönliche Offenheit ermöglicht.

Fragebogen „Selbstbild" für Jungen/Männer

Als Mann hätte ich gern .../ wäre ich gern ...

Größe
- ❏ klein
- ❏ mittel
- ❏ groß
- ❏ _____

Figur
- ❏ schlank
- ❏ muskulös
- ❏ rundlich
- ❏ kräftig
- ❏ _____

Augen
- ❏ blau
- ❏ braun
- ❏ grau
- ❏ grün
- ❏ groß, leuchtend
- ❏ klein, fester Blick
- ❏ _____

Haarfarbe
- ❏ hellblond
- ❏ mittelblond
- ❏ dunkelblond
- ❏ schwarz
- ❏ rötlich
- ❏ braun
- ❏ _____

Bart
- ❏ Vollbart
- ❏ Schnauzer
- ❏ kein Bart, aber starker Bartwuchs
- ❏ kein Bart, eher weniger Bartwuchs
- ❏ _____

Haarschnitt
- ❏ lang
- ❏ kurz
- ❏ lockig
- ❏ glatt
- ❏ _____

Kleidung
- ❏ eher nach der neuesten Mode
- ❏ ziemlich unwichtig
- ❏ sexy
- ❏ hautenge Sachen, knappe Pullis
- ❏ Hauptsache bequem
- ❏ völlig unwichtig
- ❏ _____

Gangart
- ❏ kraftstrotzend
- ❏ knallende Absätze
- ❏ fester Schritt, energisch
- ❏ eher leichtfüßig, tänzerisch
- ❏ möglichst unauffällig, schleichend
- ❏ ruhig, verhalten
- ❏ lässig, locker
- ❏ _____

Stimme
- ❏ hoch
- ❏ tief
- ❏ hell
- ❏ weich
- ❏ voll
- ❏ rauchig
- ❏ samten
- ❏ energisch
- ❏ bestimmt
- ❏ melodiös
- ❏ _____

Hintern
- ❏ flach
- ❏ rund
- ❏ fest
- ❏ weich
- ❏ dick
- ❏ _____

Kapitel 2: Sehen und gesehen werden – Selbst- und Fremdwahrnehmung   63

Fragebogen „Selbstbild" für Frauen/Mädchen

Als Frau hätte ich gern ... / wäre ich gern ...

Größe
- ☐ klein
- ☐ mittel
- ☐ groß
- ☐ _____

Figur
- ☐ knabenhaft
- ☐ schlank
- ☐ vollschlank
- ☐ füllig
- ☐ kräftig
- ☐ _____

Haarschnitt
- ☐ lang
- ☐ kurz
- ☐ lockig
- ☐ glatt
- ☐ _____

Haarfarbe
- ☐ hellblond
- ☐ mittelblond
- ☐ dunkelblond
- ☐ schwarz
- ☐ braun
- ☐ rötlich
- ☐ _____

Augen
- ☐ blau
- ☐ braun
- ☐ grau
- ☐ grün
- ☐ groß, leuchtend
- ☐ klein, fester Blick
- ☐ _____

Kleidung
- ☐ eher nach der neuesten Mode
- ☐ ziemlich unwichtig
- ☐ sexy
- ☐ hautenge Sachen, knappe Pullis
- ☐ Hauptsache bequem
- ☐ umschmeichelnd, weich
- ☐ völlig unwichtig
- ☐ _____

Gangart
- ☐ sexy
- ☐ fester Schritt, energisch
- ☐ eher leicht- füßig, tänze- risch
- ☐ ruhig, verhalten
- ☐ lässig, locker
- ☐ _____

Brüste
- ☐ klein
- ☐ groß
- ☐ mittel
- ☐ rund
- ☐ fest
- ☐ weich
- ☐ flach
- ☐ spitz
- ☐ _____

Stimme
- ☐ hoch
- ☐ tief
- ☐ hell
- ☐ weich
- ☐ voll
- ☐ rauchig
- ☐ samten
- ☐ energisch
- ☐ bestimmt
- ☐ melodiös
- ☐ _____

Hintern
- ☐ flach
- ☐ rund
- ☐ fest
- ☐ weich
- ☐ dick
- ☐ _____

Arbeitsbogen „Selbstbild"

Wie möchtest du auf den ersten Blick wirken? – „Der heiße Stuhl"

Wenn jemand dich zum ersten Mal sieht, was soll er von dir als Erstes denken?

❏ Vorsicht, die/der ist ganz schön raffiniert

❏ Vorsicht, die/der hat's faustdick hinter den Ohren

❏ die/der sieht gut aus

❏ so ein schöner Typ, mit der/dem kann man sich sehen lassen

❏ die/der ist bestimmt ein ganz lustiger Typ, mit dem/der kann man was erleben

❏ die/der ist bestimmt eine scharfe Frau/ein scharfer Mann

❏ die/der ist bestimmt ein ganz geiler Typ

❏ die/der weiß, was sie/er will

❏ der/dem kann man nicht so schnell was vormachen

❏ die/der ist bestimmt nett

❏ der/dem kann ich mich anvertrauen

❏ die/der haut mich bestimmt raus, wenn es mir schlecht geht

❏ bei der/dem kann ich mich wohl fühlen

❏ die/der ist schwer zu haben

❏ mit der/dem kann ich Abenteuer erleben

❏ die/der kennt schon ganz schön was vom Leben

❏ die/der ist anders als die anderen

❏ die/der geht ganz schön ran

❏ die/der ist ein ganz schöner Draufgänger

❏

Kapitel 2: Sehen und gesehen werden – Selbst- und Fremdwahrnehmung   65

Welche der folgenden Eigenschaften sind dir wichtig?

☐ zärtlich	☐ fleißig	☐ verständnisvoll
☐ ernsthaft	☐ vorsichtig	☐ cool
☐ gesprächig	☐ zurückhaltend	☐ nachdenklich
☐ lustig	☐ beweglich	☐ warmherzig
☐ offen	☐ erotisch	☐ gefühlsbetont
☐ temperamentvoll	☐ romantisch	☐ entschieden
☐ durchsetzungsfähig	☐ zutraulich	☐ treu
☐ eigensinnig	☐ gläubig	☐ erfinderisch
☐ _____	☐ _____	☐ _____

66 Soziale Kompetenz und Kreativität fördern

Es ist klar, dass ...

Intention: erkennen und wahrnehmen von subjektiven und objektiven
Sichtweisen
Altersgruppe: ab 7. Klasse
Teilnehmerzahl: Kleingruppen bis zu 8 Personen
Dauer: eine Einheit à 45 Minuten
Vorbereitung: keine

Spielverlauf: Es bilden sich Kleingruppen. Jede Gruppe spielt für sich.
Zunächst steht jeweils ein Gruppenmitglied im Mittelpunkt und alle anderen sagen zu ihm einen Satz mit den Worten: „Es ist klar, dass du ..." (z. B. ein blaues
Hemd trägst). Es soll etwas für alle Sichtbares genannt werden, z. B. Kleidung,
Haarfarbe o. Ä. Jedes Gruppenmitglied kommt an die Reihe.
Im zweiten Teil der Übung betrachtet man die Person im Mittelpunkt genauer
und beginnt einen Satz mit: „Ich sehe, dass du ..." Es sollte etwas sein, das man
nicht auf den ersten Blick sieht. Gleichzeitig sollte die Äußerung aber mit einer
subjektiven Wertung verbunden sein, z. B.: „Ich sehe, dass du einen hübschen
kleinen Ohrring trägst."
Im dritten Teil beginnt man mit: „Ich stelle mir vor, dass du ..." In diesem Durchgang sind alle Arten von Vorschlägen, Ideen und Vorstellungen erlaubt: „Ich
stelle mir vor, dass du ein sehr lebensfroher Mensch bist."
Am Schluss sprechen die beurteilten Personen mit der Gruppe darüber, ob und
wie die geäußerten Vorstellungen nach ihrer eigenen Einschätzung mit der Wirklichkeit übereinstimmen.

Anmerkung: Die Übung ist bedingt auch in der Großgruppe durchführbar. Sie
dauert allerdings, wenn alle an die Reihe kommen sollen, wesentlich länger. Die
Spielleiter sollten für dieses Spiel Sicherheit gewinnen, indem sie es vor dem
Einsatz durchprobieren.

So oder so

Intention: sich über Stimmungen und Gefühle klar werden und mit
anderen darüber austauschen
Altersgruppe: ab 7. Klasse
Teilnehmerzahl: bis zu Klassenstärke
Dauer: 15 Minuten
Vorbereitung: keine

Kapitel 2: Sehen und gesehen werden – Selbst- und Fremdwahrnehmung   67

Spielverlauf: Die Gruppenmitglieder machen sich vor Beginn der Gruppenarbeit kurz bewusst, wo sie innerlich stehen, und tauschen ihre Gedanken darüber mit den anderen aus.
Dazu nennt der Gruppenleiter zwei Begriffe, denen sich die einzelnen Gruppenmitglieder zuordnen sollen. Zum Beispiel stellen sich alle, die sich gerade optimistisch fühlen, auf die eine Seite des Raumes und die pessimistisch Gestimmten auf die andere. Jeweils zwei auf einer Seite stehende Personen tauschen sich kurz darüber aus, warum sie sich dieser Seite zugeordnet haben. Dann wird das nächste Begriffspaar genannt.
Personen, die sich überhaupt nicht entscheiden können, dürfen auch in der Mitte stehen bleiben und sich miteinander austauschen.

Beispiele für Begriffspaare:
rot – grün
Meer – Berge
weich – hart
schnell – langsam
laut – leise
Himmel – Erde
Liebe – Hass
Stadt – Land
Familie – Freunde
zielstrebig – ziellos
warm – kalt
Schule – Freizeit
Auto – Fahrrad
gemütlich – gefährlich
fröhlich – traurig
Sport – Bücher
Träume – Fakten

Achten Sie darauf, dass die Begriffe der Altersstufe Ihrer Gruppe angemessen sind.

Anmerkung: Bedenken Sie, dass diese Übung bei großen Gruppen automatisch auch zu großer Lautstärke führt. Bewerten Sie dies positiv, denn es zeigt, dass die Gruppe viel miteinander kommuniziert.
Achten Sie darauf, dass die Entscheidungen von den Schülern möglichst schnell getroffen werden. Nur dann achten sie wirklich auf ihr eigenes Gefühl und laufen nicht wie sonst häufig nur dem Freund oder der Freundin hinterher.

Wahrnehmungskarussell

Intention: Schulung der Wahrnehmungsfähigkeit; Sprachangst abbauen, sich äußern lernen
Altersgruppe: ab 7. Klasse
Teilnehmerzahl: Klassenstärke
Dauer: 20 Minuten
Vorbereitung: keine

Spielverlauf: Die Hälfte der mitspielenden Personen stellt sich im Innenkreis und die andere Hälfte im Außenkreis auf. Es stehen sich jeweils zwei Personen gegenüber, deren Aufgabe es ist, sich circa eine Minute zu einer vorgegebenen Fragestellung zu äußern. Anschließend gehen die Personen des Innenkreises einen Schritt nach rechts und stellen dem neuen Partner die Fragen. Danach erfolgt ein Wechsel des Außenkreises nach rechts und die Fragen werden erneut gestellt. Das Spiel endet, wenn die Ausgangsposition wieder erreicht ist. Fragen können sein: Wer bist du? Wie heißt du? Weshalb bist du hier? Welches ist dein größter Wunsch?

Anmerkung: Die Beteiligten sollten nach dem Spiel die Möglichkeit erhalten, sich kurz über das Gehörte auszutauschen.

Variation: Es können auch Fragen gestellt werden, die als Einstieg in ein Thema dienen.

Beispiele für Fragen: Welche Erinnerung hast du an deine Einschulung?
Welches war dein Lieblingsspielzeug?
Was war dein Lieblingskinderfilm oder -buch?
Für wen hast du bisher geschwärmt?
Welches Schulfach ist dir am unangenehmsten?
Was machst du am liebsten im Urlaub?
Wovor hattest du beim anderen Geschlecht am meisten Angst?
Welche Erfahrungen hast du mit Gewalt gemacht?
Wem konntest du Geheimnisse anvertrauen?
Wie stellst du dir dein Leben in zehn Jahren vor?
Wann warst du das erste Mal verliebt?
Was ist dein größter Wunsch?

*Dieses Spiel haben wir auf einer Veranstaltung der „Anti-Defamation-League"
kennen gelernt.*

Kapitel 2: Sehen und gesehen werden – Selbst- und Fremdwahrnehmung

Das 10.000-DM-Spiel

Intention:	Die Gruppenmitglieder stellen fest, wie gut sie einander kennen und einschätzen können.
Altersgruppe:	ab 7. Klasse
Teilnehmerzahl:	bis zu 30
Dauer:	eine Einheit à 45 Minuten
Vorbereitung:	Fragebogen

Spielverlauf: Alle Gruppenmitglieder erhalten einen Fragebogen, den sie ehrlich, aber anonym beantworten sollen. Die Bogen werden in gleicher Größe zusammengefaltet und in eine große Tüte geworfen. Anschließend darf ein Gruppenmitglied einen Bogen daraus ziehen und die Antworten vorlesen. Die Gruppe rät, welches ihrer Mitglieder wohl diese Antworten gegeben hat. Nach drei Fehlversuchen kann sich der Schreiber zu erkennen geben, muss es aber nicht. Das nächste Gruppenmitglied zieht einen weiteren Fragebogen und so weiter, bis alle an der Reihe waren. Es ist wichtig, dass der Vorlesende nicht zu erkennen gibt, wenn er die Schrift auf dem Fragebogen erkennt bzw. wenn er seinen eigenen Bogen gezogen hat.

Variante: Eine Variante der Übung besteht darin, sie ohne Fragebogen durchzuführen. So können sich alle Teilnehmer auf einem Blatt Papier zu einem bestimmten, vorher festgelegten Themenbereich (Zukunftsperspektiven, Sucht, Freizeitverhalten oder Ähnliches) äußern.

Arbeitsbogen „Das 10.000-DM-Spiel"
(Fragebogen bitte anonym ausfüllen!)

1. Wo würdest du gern leben?

2. Deine Lieblingsfarbe ist?

3. Dein Bekleidungsstil?

4. Dein Urlaubstraum?

5. Deine Hobbys?

6. Deine Lieblingssendung?

7. Was würdest du tun, wenn dir jemand 10.000,– DM schenkt?

Kapitel 2: Sehen und gesehen werden – Selbst- und Fremdwahrnehmung

Gefühlssack

Intention: mehr von den Mitschülern erfahren; Bewusstseinsstand der Gruppe abfragen
Altersgruppe: ab 7. Klasse
Teilnehmerzahl: maximal 15
Dauer: ein bis zwei Einheiten à 45 Minuten
Vorbereitung: Beutel mit unterschiedlichen Gegenständen (Weinflasche, Zigarettenschachtel, Lippenstift, Kuscheltier, CD, ein Spiegel usw.)

Spielverlauf: Die Spielleiterin wählt vor Beginn der Übung Gegenstände aus, die einen Bezug zum Thema haben. Die Gruppenmitglieder greifen der Reihe nach in den Sack und beschreiben, was ihnen an Hand des gewählten Gegenstandes zum Thema einfällt.

Anmerkung: Mit Hilfe der Assoziationen erhält die Lehrerin wichtige Hinweise über Standpunkte, den Wissensstand und die Lebens- und Freizeitgewohnheiten der Schüler. Die Gegenstände im Sack zu ertasten macht neugierig und erhöht die Spannung. Dieses Gefühl aktiviert die Mitarbeit. Häufig reagieren Schüler unsicher und trauen sich nicht zu antworten. Mit Hilfe gezielter Fragen kann die Lehrerin ihnen Hilfestellung geben und den Einstieg erleichtern.

Variante 1: Was haben die gezogenen Gegenstände mit süchtigem Verhalten zu tun? Wird dieses Variante gewählt, muss der Sack natürlich auch mit themenbezogenen Gegenständen, wie z. B. Tabletten, Schokolade usw., gefüllt werden.
Variante 2: Was hat mein Gegenstand mit mir zu tun?

In Anlehnung an: Voigt-Rubio 1990, Seite 55 f. („Der Suchtsack")

Sensitivity: Selbst- und Fremdwahrnehmung

Intention: Schulung der Beobachtungs- und Wahrnehmungsfähigkeit; sich in andere hineinversetzen können
Altersgruppe: ab 7. Klasse
Teilnehmerzahl: bis zu Klassenstärke
Dauer: zwei Einheiten à 45 Minuten
Vorbereitung: Frage- und Statement-Karten (Seite 73 f.), Ja- und Nein-Karten kopieren und ausschneiden (s. Seite 119)

Spielverlauf: Die Fragen liegen verdeckt in der Mitte des Tisches. Eine Person hebt eine Karte auf und liest die erste Frage vor. Sie beantwortet diese, indem sie ihre Ja- oder Nein-Karte verdeckt auf den Tisch legt. Die Aufgabe der Mitspieler besteht darin, zu erraten, ob die gezogene Frage mit „Ja" oder „Nein" beantwortet wurde. Das geschieht, indem sie ebenfalls ihre Ja- oder Nein-Karte verdeckt auf den Tisch legen. Auf ein gemeinsames Zeichen hin werden alle Karten aufgedeckt. Die Entscheidungen müssen begründet werden. Es sollten zumindest die fragende Person und zwei Mitspieler (1 × Ja, 1 × Nein) ihre Entscheidungen erklären. Anschließend setzt eine weitere Person das Spiel fort. Zu Beginn des Spiels vereinbart die Gruppe, dass niemand sich verletzend oder diskriminierend äußert.

Anmerkung: Eine Veränderung erfährt das Spiel durch problembezogene Fragestellungen zu anderen Themen wie z. B. Sexualität, Ausländerfeindlichkeit, Umwelt etc.
Als Klassenspiel eignet es sich wie folgt: Es werden DIN-A4-Blätter mit unterschiedlichen Berufen angefertigt. Die Schüler erhalten gut lesbare Ja- und Nein-Karten. Das Spiel beginnt, indem eine Person vor die Klasse tritt und den Beruf / die Frage der Klasse laut vorliest. Danach verläuft das Spiel nach dem oben geschilderten Muster *(vgl. Lauster 1986 Sensis).*

Kapitel 2: Sehen und gesehen werden – Selbst- und Fremdwahrnehmung

73

Arbeitsbogen „Sensitivity: Selbst- und Fremdwahrnehmung"
Beispiele für Fragen

Hast du Angst, mit einem schlechten Zeugnis nach Hause zu gehen?	Würdest du per Anhalter fahren, wenn du es sehr eilig hast?	Würdest du gern ohne deine Eltern verreisen?
Findest du es sinnlos, in die Schule zu gehen?	Wirst du manchmal wütend, wenn ein Lehrer dich anschreit?	Warst du schon einmal verliebt?
Bist du schon mal nach einem Streit von zu Hause abgehauen?	Hast du schon mal einen Mitschüler aus der Klasse ausgestoßen?	Hast du schon mal geklaut?
Würdest du eingreifen, wenn sich welche prügeln?	Glaubst du, dass wir eine Klassengemeinschaft haben?	Würdest du dich wehren, wenn deine Eltern dich schlügen?
Guckst du oft aus Langeweile Videos?	Würdest du gern als einziger Mensch ein Jahr lang auf einer Insel in der Südsee leben?	Würdest du Drogen nehmen, wenn du deprimiert bist?
Ist dir dein „Outfit" wichtig?	Hast du Angst, alleine in der Dunkelheit nach Hause zu gehen?	Hältst du Schläge für ein notwendiges Erziehungsmittel?
Traust du dich, deine Meinung zu vertreten?	Hast du schon einmal daran gedacht, eine Imbiss-Stube zu verlassen, ohne zu bezahlen?	Würdest du nackt durch eine belebte Fußgängerzone laufen, wenn man dir 10.000 DM geben würde?

Anmerkung: Diese Übung ist für Klassen und Kleingruppen geeignet.

Arbeitsbogen Sensitivity
Beispiele für Statements zum Bereich Ich-Stärke/Selbstbewusstsein

Wenn mir etwas peinlich ist, spreche ich mit niemandem darüber.	Ich kann mich nicht gegen Stärkere wehren.	Ich sage es, wenn mir etwas nicht passt.
Ich fühle mich oft wertlos und unbedeutend.	Ich lasse mich schnell zu etwas überreden, obwohl ich es nicht will.	Ich schäme mich für Niederlagen (schlechte Noten, wenn ich etwas falsch gemacht habe).
Andere können mich leicht unter Druck setzen.	Ich traue mich nicht, meine Meinung zu vertreten.	Ich bin von meinen Eltern ermutigt worden, mich zu wehren.
Ich bin ein positiv eingestellter Mensch.	Ich lasse meinen Eltern ihren Willen, damit es keinen Ärger zu Hause gibt.	Ich passe mich an und ordne mich unter.
Probleme hat man nicht, man macht sie sich.	Ich bilde mir eine eigene Meinung und verhalte mich danach.	Ich schließe mich gerne anderen Meinungen an.
Mir ist es peinlich, wenn ich von jemandem gelobt werde.	Ich kann mich schlecht wehren.	In einer Clique gibt es zu viele Zwänge.
Ich lüge gelegentlich. Ich bin zurückhaltend.	Ich bestimme öfters, was andere machen sollen.	Ich nörgle viel herum – manchmal ohne Grund.
	Ich gebe manchmal vor, etwas zu wissen oder zu können, was gar nicht stimmt.	Ich bin ein/eine Träumer/in.

Anmerkung: Die Beantwortung dieser Statements erfordert ein hohes Maß an Vertrauen. Die Übung eignet sich deshalb eher für Kleingruppen als für Klassen.

Kapitel 2: Sehen und gesehen werden – Selbst- und Fremdwahrnehmung   75

Fähigkeiten und Eigenschaften

Intention: bisher an Personen nicht wahrgenommene Eigenschaften
                        und Fähigkeiten werden bewusst gemacht
Altersgruppe: ab 8. Klasse, die Gruppe sollte sich kennen
Teilnehmerzahl: bis zu Klassenstärke
Dauer: eine Einheit à 45 Minuten
Vorbereitung: Papier und Stifte

Spielverlauf: Nach einer vorangegangenen Definition und Sammlung der Begriffe, Eigenschaften und Fähigkeiten schreibt jedes Gruppenmitglied zwei positive Eigenschaften und zwei besonders ausgeprägte Fähigkeiten seiner Person auf ein Blatt Papier. Dieses wird zusammengefaltet und in einen Behälter geworfen. Einzeln werden die Bögen aus dem Topf gezogen und die darauf vermerkten Charakteristika vorgelesen und einem Gruppenmitglied begründet zugeordnet. Der Mitspieler, der erkannt wird, kann sich dann zu erkennen geben, muss es aber nicht. Der Vorgang wird so lange wiederholt, bis alle Anwesenden erraten worden sind.

Anmerkung: Der Einzelne übt, seine verschiedenen Eigenschaften selbst wahrzunehmen und darzustellen. Das fällt den Jugendlichen bei ihren positiven Eigenschaften und Fähigkeiten zunächst sehr schwer, da sie sich häufig mehr negativ sehen. Bestehen Sie unbedingt darauf, dass alle auch Positives über sich aufschreiben!
Die Gruppenmitglieder stellen fest, wie gut oder schlecht sie sich gegenseitig kennen und einschätzen können. Bisher nicht an Mitschülern wahrgenommene Eigenschaften und Fähigkeiten werden ihnen bewusst. Sollte die Gruppe dazu neigen, an vorgegebenen Mitteilungen und Begriffen festzuhalten, wird keine Liste von Eigenschaften und Fähigkeiten aufgeschrieben, da die Schüler dann nur aus dieser Liste Begriffe wählen und keine weiteren suchen werden.

Mein Lieblingsteil

Intention: nachdenken über die Bedeutung persönlichen Besitzes;
                        die Gruppe lernt sich besser kennen und verstehen
Altersgruppe: ab 7. Klasse
Teilnehmerzahl: bis zu Klassenstärke
Dauer: eine Einheit à 45 Minuten
Vorbereitung: Gegenstände mitbringen lassen, Papier und Bleistift

Spielverlauf: Die Schülerinnen werden aufgefordert, zur nächsten Stunde je einen Gegenstand mitzubringen, der zur Zeit eine große persönliche Bedeutung für sie hat. Hausaufgabe ist es, einige Notizen zu dem Gegenstand zu machen (warum gerade dieser usw.).

In der nächsten Stunde werden Kleingruppen gebildet und innerhalb dieser Gruppen stellt jede Schülerin ihren Gegenstand vor. Die Schülerinnen dürfen einander Fragen stellen oder ihre Reaktionen mitteilen. Insgesamt sind dafür 20 Minuten vorgesehen.

Anschließend kommen alle zum Kreis zurück und legen die Gegenstände in die Mitte. Aus jeder Gruppe berichtet eine Person, wem die Gegenstände gehören und was es mit ihnen auf sich hat (15 Minuten).

Auswertung: Fiel die Entscheidung für einen Gegenstand leicht oder schwer? Nach welchen Kriterien habt ihr eure Gegenstände ausgesucht?

In Anlehnung an: Vopel 1992 b, Seite 36 f.

Gefühlsparcours

Intention:	miteinander spielerisch Gefühle, Wünsche, Erfolg, Selbstbestätigung und Freude erleben
Altersgruppe:	ab 7. Klasse
Teilnehmerzahl:	4 bis 30
Dauer:	20 bis 30 Minuten zur Herstellung des Spiels Spielzeit mindestens 30 Minuten
Vorbereitung:	Papier, Spielfiguren, Würfel, Filz- oder Wachsstifte, Pappkärtchen in drei verschiedenen Farben zuschneiden

Spielverlauf: Nach der Bildung von Dreier- oder Vierer-Gruppen erhält jede Gruppe den Auftrag, ein Spiel herzustellen, das aus folgenden Teilen besteht:
1. Fragenkarten (keine reinen Wissensfragen, sondern Fragen zur Person, zu ihren Wünschen und Gefühlen)
2. Aufgabenkarten (der Fantasie sind keine Grenzen gesetzt)
3. Genusskarten (hier ist alles erlaubt, was angenehme Gefühle erzeugen kann)
4. Einem Spielplan mit Start und Ziel sowie vielen Feldern, auf denen die Fragen beantwortet und die Aufgaben erfüllt werden oder dem Genuss Zeit gegeben wird.
5. Regeln, nach denen das Spiel gespielt wird.

Anschließend spielt jede Gruppe einmal das eigene Spiel. Dann können die Spie-

Kapitel 2: Sehen und gesehen werden – Selbst- und Fremdwahrnehmung   77

le der anderen Gruppen ausprobiert werden, wobei jeweils ein Mitglied der Gruppe mitspielt, die das Spiel angefertigt hat, um die jeweiligen Spielregeln zu erklären. Die Spiele können immer wieder verwendet und erweitert werden.

Anmerkung: Fragenkarten: Was sagst du deiner Lehrerin, wenn du deine Hausaufgaben nicht gemacht hast? Wie sollte deine beste Freundin sein? Was magst du an deinen Eltern nicht so sehr? Mögliche Aufgabenkarten: Erfinde eine Ausrede für deine Mutter, weil du viel zu spät nach Hause gekommen bist. Erkläre deinem/r Freund/in, warum du nicht magst, wenn er/sie raucht. Gehe hinaus und sammle drei Blumen oder Blätter.
Genusskarten: Schließe die Augen und träume vor dich hin. Dein Nachbar krault dir zwei Minuten den Rücken. Höre fünf Minuten deine Lieblingsmusik.

Diese Übung haben wir auf einer Fortbildungsveranstaltung des Berliner Instituts für Lehrerfort- und -weiterbildung und Schulentwicklung kennen gelernt.

Was ist anders?

Intention: die Scheu abbauen, einen anderen Menschen genau anzusehen
Altersgruppe: ab 7. Klasse
Teilnehmerzahl: beliebig viele Paare
Dauer: eine Einheit à 45 Minuten
Vorbereitung: keine

Spielverlauf: Zwei Personen stehen sich gegenüber. Jede soll die andere ausführlich betrachten, sich jede Einzelheit ihres Äußeren einprägen (Kleidung, Frisur, Schmuck, Schuhe usw.). Auf Körperhaltung und Gesichtsausdruck kommt es nicht an. Dann drehen sich beide um, kehren dem Partner den Rücken zu und verändern drei unauffällige Details ihres Äußeren. Sie werden versuchen, sich in die vermeintliche Wahrnehmungsfähigkeit des Partners zu versetzen und sich vorzustellen, was ihm entgangen sein könnte. Nach erneuter Kehrtwendung versuchen beide herauszufinden, was sich am anderen verändert hat.

Anmerkung: Anfangs werden manche die bei dieser Übung stattfindenden „Blick-Berührungen" als unangenehm empfinden und so verunsichert sein, dass ihnen die eigenen Beobachtungen fast indiskret vorkommen. Später jedoch wird sich gegenüber dem visuellen Interesse anderer eine zunehmende Unbefangenheit einstellen.

Kapitel 3
Selbstwertgefühl, Fähigkeiten und Stärken

Einleitung

Eine Schülerin des 9. Jahrgangs erhielt von ihrem Arbeitslehre-Lehrer die Aufgabe, ihre allein erziehende Mutter danach zu befragen, worin sie die Stärken und Fähigkeiten ihrer Tochter sieht. Die Antworten sollten dazu dienen, gemeinsam mit der Berufsberaterin herauszufinden, welche Berufe für die Schülerin geeignet sein könnten. Auf dem Zettel, den die Schülerin kommentarlos ihrem Lehrer in der Schule abgab, stand: „Ständig nerven! – Dummes Zeug reden! – Unordnung!"

Dieses Beispiel verdeutlicht, in welch schwierigem Rahmen sich Jugendliche bewegen. Sie sollen sich auf das Berufsleben vorbereiten, alle ihre Anlagen auf das Ziel hin entwickeln, in ein paar Jahren für sich materiell und emotional sorgen zu können. Sie sollen Entscheidungen für ihr gesamtes weiteres Leben treffen: Besuche ich weiter die Schule? Welcher Beruf ist für mich geeignet? Wie finde ich die richtige Lehrstelle? Wie mache ich mich fit für das Berufsleben? Bleibe ich bei meinen Eltern oder mache ich mich selbstständig und suche eine andere Wohnmöglichkeit? Wann gehe ich eine feste Partnerschaft ein? Wie soll diese Partnerschaft gestaltet sein? usw.

Jugendliche befinden sich auf der ständigen Suche nach ihrer Identität. Sie sind nicht mehr Kind und noch nicht erwachsen. Wie sich das Erwachsenenleben gestalten wird, wissen sie nicht. Dass sie Erwachsene (Eltern und Lehrer) dann häufig mit unbequemen Fragen oder überzogenen Verhaltensweisen konfrontieren, die entsprechend nerven, ist unvermeidbar. Eltern erwarten so profane Dinge wie: den Müll wegbringen, auf die Geschwister aufpassen, Hausaufgaben sauber und regelmäßig erledigen, pünktlich sein. Kurzum, Jugendliche sollen funktionieren und jede Aufgabe korrekt und zur richtigen Zeit erledigen. Und sie sollen sich bei all ihren Handlungen aber immer bewusst sein, dass sie natürlich noch lange nicht die Rechte eines Erwachsenen genießen.

Für die Jugendlichen gelten die Vorschriften der Eltern, die ihr bisheriges Leben als Kind bestimmt haben, nicht mehr uneingeschränkt, sie stellen sie in Frage. Eigene Regeln und Normen, mit denen sie sich identifizieren und nach denen sie ihr Leben leben können, haben sie noch nicht entwickelt. Die Autorität der Eltern lehnen sie jedoch in vielen Fällen ab. Sie wollen ihren Willen durchsetzen und befürchten gleichzeitig, die Liebe und Zuwendung der Eltern oder Lehrer zu verlieren. Hier kommt der Schule eine besondere Bedeutung zu. Junge Menschen müssen die Erfahrung machen, dass ihr Wunsch nach Selbstständigkeit ernst genommen wird, dass ihnen die Zuwendung der Erwachsenen nicht entzogen wird und dass sie weiterhin emotionale und praktische Unterstützung erhalten.

Häufig orientieren sich Jugendliche an den in ihrer Gruppe oder Clique gültigen Regeln, nur um nicht als Außenseiter abgestempelt zu werden. Sie schließen sich, wenn auch immer wieder wechselnd, gerade in Mode gekommenen Mehrheiten, ihren Meinungen und Verhaltensweisen an.

Aus diesem Grund ist es besonders wesentlich, mit Gleichaltrigen ins Gespräch zu kommen und unterschiedliche Meinungen und Gefühle miteinander auszutauschen. Die in diesem Abschnitt aufgeführten Übungen erleichtern den Einstieg in die Kommunikation über Einstellungen und Gefühle. Sie eröffnen den Jugendlichen die Möglichkeit, ihre Stärken und Fähigkeiten, Gedanken und Ideen, Wünsche und Fantasien zu erforschen. Sie können sie anderen vermitteln und vor ihnen vertreten.

Immer wieder konzentrieren sich Jugendliche zu sehr auf ihre Schwächen und sehen das, was sie nicht haben, anstatt ihre Stärken wahrzunehmen. Sie entwickeln unrealistische Erwartungen an sich selbst und müssen unweigerlich immer wieder Misserfolgserlebnisse hinnehmen.

Die folgenden Übungen zeigen Wege, wie die Schülerinnen sich selbst bewusst erleben können. Sie befähigen sich dazu, das, was sie in ihren Köpfen und Herzen bewegt, worüber sie nachgedacht haben, was sie empfinden oder meinen, vor anderen (Erwachsenen und Gleichaltrigen) darzustellen und dafür einzustehen. Sie werden als Persönlichkeit von den anderen wahrgenommen und akzeptiert. Sie erkennen, welche Fähigkeiten und Kompetenzen sie bereits erworben haben und welche sie eventuell gern erweitern möchten. Dabei sollen sie üben, sich gegenseitig anzuerkennen und zu unterstützen.

Auf diese Art haben die Schüler Erfolgserlebnisse, die ihnen den Weg zu einer selbstständigen Persönlichkeit erleichtern. Das angestrebte Ziel ist, dass sie eine innere Stabilität erreichen, die es ihnen erspart, destruktiv gegen sich oder andere vorzugehen. Oft sehen Jugendliche keine andere Möglichkeit sich als Person sichtbar zu machen und zu erleben, als durch destruktives Verhalten. Mit den folgenden Übungen lernen sie Alternativen kennen.

Diese Übungen sind in vielen Unterrichtsfächern einsetzbar (insbesondere solche Übungen, die sich auf Lerninhalte, -methoden und -erfolge beziehen; jeder Lehrer kann sie in jedem Fach anwenden). Für bestimmte Fächer wie Deutsch, Gesellschaftskunde oder Arbeitslehre können die Inhalte der Übungen auf die jeweiligen Fachinhalte abgestimmt werden.

Kapitel 3: Selbstwertgefühl, Fähigkeiten und Stärken

Wie selbstsicher bin ich?

Intention: Selbstsicherheit im Auftreten/Verhalten im Alltag verglei-
chen mit der Selbstsicherheit der anderen Gruppenmitglie-
der
Altersgruppe: ab 7. Klasse
Teilnehmerzahl: bis zu 15
Dauer: eine Einheit à 45 Minuten
Vorbereitung: Stühle und Nummernschilder

Spielverlauf: Es werden ca. 15 Stühle in einer Reihe aufgestellt. Die Plätze werden durchnummeriert. Nun sucht sich jedes Gruppenmitglied einen Stuhl aus. Je
niedriger die Nummer eines Stuhles ist, desto niedriger schätzt der Schüler, der
sich diesen Stuhl aussucht, seine Selbstsicherheit ein. Schüler, die sich für sehr
selbstsicher halten, werden gebeten, sich einen Stuhl mit einer hohen Nummer
auszusuchen. Selbstverständlich ist es auch möglich, dass sich mehrere Schüler
für ein und denselben Stuhl entscheiden. Ganz zentral ist es, dass alle Beteiligten einsehen, dass sie weder sich selbst noch irgendjemand sonst mit ihrer Einschätzung der eigenen Selbstsicherheit etwas beweisen müssen. Wichtig ist die
ehrliche Selbsteinschätzung. Die Gruppenmitglieder können sich Zeit lassen,
eventuell erst einige Stühle ausprobieren und dann ihre Wahl gegebenenfalls
nochmals korrigieren. Wenn alle ihren Platz gefunden haben, beginnt die zwei-
te Runde: Die Gruppenmitglieder setzen sich jetzt damit auseinander, wie es mit
ihrer Selbstsicherheit konkret in dieser Gruppe aussieht. Entsprechend werden
wieder die Plätze gesucht. Anschließend werden die Entscheidungen der Gruppenmitglieder gemeinsam besprochen.

Auswertungshilfen: Werden einige Stühle von mehreren Schülern ausgesucht?
Wird die Selbstsicherheit im Alltag anders eingeschätzt als in der Gruppe; wenn
ja, woran liegt das?
Welche Bedingungen und welche Personen machen Selbstsicherheit schwer,
welche erleichtern sie?

Anmerkung: Sollte Ihnen die „Stuhlmethode" für Ihre Gruppe zu schwierig erscheinen, so können Sie auch eine Tapetenrolle verwenden. Diese wird mit den
entsprechenden Platzziffern an die Wand gehängt. Die Schüler können sich dann
an der ausgewählten Platzziffer eintragen. Auch für diese Übung ist es sehr wichtig, dass innerhalb der Gruppe bereits ein Vertrauensverhältnis besteht.

In Anlehnung an: Gudjons 1992, Seite 134 f.

Meine Person – innen und außen

Intention: Bewusstmachung und Darstellung von nach „außen" sichtbaren und „innen" verborgenen Persönlichkeitsanteilen: Was zeige ich und was verberge ich vor anderen?

Altersgruppe: ab 8. Klasse

Teilnehmerzahl: bis zu 15

Dauer: zwei Einheiten à 45 Minuten

Vorbereitung: große Einkaufspapiertüte, viele Zeitschriften, Filzstifte, Scheren, Klebstoff

Spielverlauf: Jedes Gruppenmitglied erhält eine Papiertüte und Materialien, um die Tüte damit zu gestalten (u. a. Zeitschriften). Alles, was man „sehen" kann von einer Person (ihre äußere Erscheinung, ihr Körper, ihre Kleidung, ihre Motorik usw.), soll damit an den Außenseiten der Tüte dargestellt werden. Die nichtsichtbaren Eigenschaften (ihr Charakter, ihre Meinungen, ihre Überzeugungen, ihr Temperament, ihre Talente, ihre Ängste und Wünsche) sollen entsprechend an den Innenseiten der Tüte veranschaulicht werden. Dabei wird manches nur symbolhaft darzustellen sein, was oft eher mit Zeichnungen als mit Collagen gelingt. Sie können den Schülerinnen den Einstieg erleichtern, indem Sie einige persönliche Beispiele geben, was Sie nach außen und was nach innen auf die Tüte bringen würden.

Auswertung: Je nach Größe der Gruppe werden die Tüten nacheinander oder in kleineren Untergruppen vorgestellt.

Zunächst können die Tüten mit Namen versehen ausgestellt werden, sodass alle Gruppenmitglieder sie betrachten und Vermutungen über die Bedeutung der Darstellungen entwickeln können.

Dann sollte jeder die Gelegenheit haben, seine Tütengestaltung zu kommentieren. Wer das nicht will, muss natürlich auch nicht. Die Gruppenmitglieder tauschen sich aus und befragen sich gegenseitig. Schließlich sollten sie sich über die Dinge unterhalten, die sie an anderen Tüten überrascht haben, Dinge, die sie vielleicht von ihren eigenen Tüten her kennen, oder auch solche, die ihre Erwartungen genau erfüllt haben.

Anmerkung: Voraussetzung für diese Übung sind ein gutes Vertrauensverhältnis sowie die unbedingte Verschwiegenheit Nichtgruppenmitgliedern gegenüber. Unter diesen Voraussetzungen ist die Übung gut geeignet, Wünsche, Ängste usw. von Schülern im Verhältnis zur Schule oder untereinander zu bearbeiten. Das Thema muss dann entsprechend lauten, z. B.: „So sieht man mich in der

Kapitel 3: Selbstwertgefühl, Fähigkeiten und Stärken　　　　85

Schule – so sieht es in mir wirklich aus." Sie eignet sich besonders für Schüler, die diese Problematik schwer verbalisieren können.

In Anlehnung an: Gudjons 1992, Seite 92 f.

Gib es weiter!

Intention:	sich in der Gruppe äußern und lernen, den anderen zuzuhören und die Fantasie spielen zu lassen
Altersgruppe:	ab 7. Klasse
Teilnehmerzahl:	10 bis 30
Dauer:	je nach Lust und Laune
Vorbereitung:	verschiedene handliche Gegenstände bereitlegen

Spielverlauf: Die Gruppe sitzt im Kreis und der Spielleiter erklärt: „Ich habe einen Gegenstand (z. B. Bleistift, Feuerzeug, Schal) in der Hand und beginne eine Geschichte zu erzählen. Wenn ich diesen Gegenstand meinem Nachbarn gebe, dann muss dieser die begonnene Geschichte weitererzählen."

Anmerkung: Es ist wichtig, dass nur die Person, die den Gegenstand in der Hand hat, sprechen darf. Wenn jemand gern von sich aus die Geschichte weitererzählen will, muss er sich durch Handzeichen melden. Damit das Spiel nicht langweilig wird und möglichst viele die Möglichkeit haben zu reden, kann man die Redezeit auf drei Sätze begrenzen und den Gegenstand möglichst schnell rückwärts, vorwärts und quer im Kreis weiterreichen.
Gruppen, die im Erzählen noch ungeübt sind, sollten das Tempo anfangs nicht zu sehr verschärfen, damit auch die langsameren und ruhigeren Schülerinnen die Chance haben zu reden. Es ist in diesen Gruppen darüber hinaus sinnvoll, jeden der Reihe nach sprechen zu lassen und das Thema der Geschichte vorzugeben.

Eine Scheibe abschneiden

Intention:	eigene Stärken erkennen und annehmen, Stärken anderer wahrnehmen und anerkennen
Altersgruppe:	ab 7. Klasse
Teilnehmerzahl:	bis zu 15
Dauer:	je nach Gruppengröße 20 bis 30 Minuten
Vorbereitung:	Papier, Scheren, Klebstoff

Spielverlauf: Jedes Gruppenmitglied schreibt eine seiner Stärken so auf ein Blatt Papier, dass dort noch viel Platz frei bleibt, heftet es sich auf die Brust und läuft damit durch den Raum. Immer wenn man einer Stärke begegnet, von der man auch gern ein „Scheibchen" hätte, wird ein Stück Papier abgeschnitten und die dazugewonnene Stärke von dem anderen Gruppenmitglied durch Unterschrift bestätigt. Jeder klebt sich die neu erworbenen Stärken auf sein Blatt Papier.

Sind alle Teilnehmer der Meinung, sie hätten nun genug Stärken gesammelt, sieht man sich die nun ziemlich vollen Zettel noch einmal an. Die Gruppenmitglieder werden feststellen, dass sie von den Stärken fast aller Beteiligten gern ein wenig hätten.

Anmerkung: Da Jugendliche immer wieder Schwierigkeiten dabei haben, ihre Stärken zu benennen, kann es auch bei dieser Übung sinnvoll sein, ein Brainstorming über persönliche Stärken voranzustellen.

Eine Spielvariante für Gruppen, deren Mitglieder sich gut kennen: Wenn ein Gruppenmitglied einem anderen eine bestimmte Stärke bzw. positive Eigenschaft zuordnen kann, die derjenige selbst aber nicht notiert hat, so kann es ihm diese Eigenschaft auf sein Blatt schreiben.

Diese Übung haben wir auf einer Fortbildung des Berliner Instituts für Lehrerfort- und -weiterbildung und Schulentwicklung kennen gelernt.

Kapitel 4

Kein soziales Lernen ohne Feed-back

Einleitung

Vom anderen zu erfahren, welche Wirkung wir mit unseren Verhaltensweisen auf ihn haben, nennen wir Feed-back bekommen. Feed-back ist eine Mitteilung an uns, wie andere unser Verhalten wahrnehmen und verstehen. Feed-back ist so etwas wie ein Kontrollinstrument im sozialen Bereich. Es wird überprüft, ob etwas auch „so ankommt", wie man es beabsichtigt hat. Erfolgt diese Rückmeldung nicht, so ist ein Lernen darüber, wie unser Verhalten auf andere Menschen wirkt, wie sie auf das, was wir sagen oder tun, reagieren, nicht möglich. Erst das Feed-back gibt die Möglichkeit, in einer Beziehung jene Störungen herauszufinden, die durch das eigene Verhalten ausgelöst werden. Feed-back hilft, sich selbst und die Umwelt realistisch wahrzunehmen. Wird es über einen längeren Zeitraum nicht gegeben, so lernt man nicht, sich selbst realistisch zu sehen (die Eigenwahrnehmung ist unvollständig – blinde Flecken), und hat keine Möglichkeit, Verhalten zu überprüfen und gegebenenfalls zu verändern.

Ob Feed-back für positive Verhaltensveränderungen hilfreich ist oder schadet, hängt von der Art und Weise ab, wie man es ausdrückt. Häufig wird Feed-back nur indirekt gegeben. Es bleibt uns dann selbst überlassen, es zu interpretieren. Diese Interpretation muss jedoch der wirklich beabsichtigten Bedeutung nicht entsprechen und kann daher zu Missverständnissen und Fehlbewertungen führen.

Deshalb ist es wichtig zu lernen, Feed-back in einer hilfreichen, direkten Form zu geben. Nur dann können Mitteilungen gemacht werden, die soziales Lernen ermöglichen.

Viele Jugendliche haben in ihrer Sozialisationsgeschichte (Kindheitsfamilie, Schule) sehr negative Erfahrungen mit Feed-back gemacht. Sie haben es häufig in einer Form erhalten, die verletzend oder strafend wirkte, sodass sie einen Zugewinn an Informationen über die eigene Person nicht positiv verwerten konnten. Konstruktives Feed-back, das es ermöglicht, Verhaltensweisen gezielt in die gewünschte Richtung zu verändern, verlangt, dass auch verstärkende Rückmeldungen der positiven Eindrücke gegeben werden. Angenehme und erfreuliche Empfindungen, die ein Gruppenmitglied durch sein Verhalten bei anderen auslöst, sollten folglich immer geäußert werden.

Positives Feed-back („Mir gefällt an dir") legt den Bereich der Gefühle, der Zuneigung offen und macht gegenseitige Übereinstimmungen transparent.

Negatives Feed-back („Mir missfällt an dir") deckt den Bereich der „Störungen", der Missverständnisse und der unterschiedlichen Sichtweisen auf und macht sie damit einer gemeinschaftlichen Bearbeitung zugänglich.

Feed-back schafft ein Klima der Offenheit in Beziehungen und Gruppen und fördert Verbundenheit und Vertrauen in zwischenmenschlichen Beziehungen.

Regeln für ein konstruktives Feed-back:

Sprich nur von der augenblicklichen Situation, dem jetzigen Verhalten des Betreffenden, nicht von längst vergangenen Ereignissen!

Mach deutlich, dass dein Feed-back den anderen nicht als ganze Person treffen soll, sondern nur bestimmte Verhaltensweisen kritisiert werden.

Denke nicht zu lange nach, sondern reagiere unmittelbar und deinen augenblicklichen Gefühlen entsprechend!

Zwinge deine Rückmeldung dem anderen nicht auf, vielleicht ist er gerade in einer Situation, in der er sie nicht aufnehmen kann.

Sei offen und ehrlich! Sei klar und deutlich!

Vermeide Aussagen, die den anderen allgemein bewerten. Beschreibe nur deine eigenen Empfindungen, äußere dich nicht im Namen von allen. Du merkst das daran, dass du die Worte „man", „alle" oder „wir" benutzt. Sprich immer in der Ichform!

Analysiere andere nicht! Jeder kann selbst am besten herausbekommen, was hinter seinem Verhalten steht.

Schließe positive Wahrnehmungen und Gefühle unbedingt in dein Feed-back mit ein! Niemand leidet daran, dass er zu häufig gelobt wurde, die meisten Menschen haben selten erfahren, welche positiven Gefühle sie bei anderen ausgelöst haben.

Denke auch an die Bedürfnisse und Gefühle des anderen, damit dein Feed-back nicht zerstörend und verletzend wirkt!

Denke daran, dass Feed-back-Geben bedeutet, dem anderen Informationen zu geben, nicht ihn zu verändern. Die Verantwortung für die eigene Veränderung kann jeder nur selbst übernehmen.

Beachte, dass Feed-back umkehrbar sein muss, was du zu anderen sagst, müssen diese auch zu dir sagen können. (Diese Reversibilität wird meist dort verletzt, wo es Rangunterschiede gibt, insbesondere zwischen Kindern und Erwachsenen, z. B. auch zwischen Schülern und Lehrern) ...

Teile angenehme oder unangenehme Gefühle, die das Verhalten des anderen bei dir erzeugt, mit und „friss" sie nicht in dich hinein. Beklage dich auch nicht bei Dritten, versuche das Problem mit ihm zu klären.

Kapitel 4: Kein soziales Lernen ohne Feed-back 91

Wenn du Feed-back erhältst:
Bevor du reagierst, frage nach, ob du richtig verstanden hast!
Unterbrich den anderen nicht schon nach wenigen Worten, sondern lass ihn erst aussprechen. Vielleicht ist die von dir spontan erwünschte Verteidigung ja unnötig!
Es geht nicht darum, was richtig oder falsch ist, sondern um die Mitteilung von ganz individuellen und persönlichen Reaktionen des anderen auf dein Verhalten. Ob du dein vom anderen als unangenehm empfundenes Verhalten ändern willst oder nicht, ist deine eigene Entscheidung!
Frage nach, falls du dir unsicher bist, wie dein eigenes Verhalten auf den anderen wirkt. Lerne, aktiv um Feed-back zu bitten, es anzunehmen und konstruktiv damit umzugehen.

Vgl. dazu: Schwäbisch/Siems 1974 und Gudjons 1992, Seite 139 f.

Eine Familie wählen

Intention: alle setzen sich damit auseinander, welche Rolle sie den anderen Gruppenmitgliedern zuteilen, welche Rolle ihnen von den anderen zugeteilt wird und in welcher Rolle sich alle Beteiligten selber sehen
Altersgruppe: ab 8. Klasse
Teilnehmerzahl: bis zu 15
Dauer: eine Einheit à 45 Minuten
Vorbereitung: großer Tisch und Stühle

Spielverlauf: Eine Schülerin sucht sich aus der Gruppe diejenigen Mitglieder aus, zu denen sie so ein Verhältnis hat, dass sie es mit einem Familienverhältnis beschreiben könnte. Zum Beispiel könnte sie ihre beste Freundin, der sie alles anvertrauen kann, als „Schwester" bezeichnen. Eine Mitschülerin, die in ihr den Wunsch weckt, sie zu beschützen, könnte sie demnach als ihre „Tochter" bezeichnen usw. Auf diese Art und Weise stellt sich die Schülerin eine Familie zusammen. Der Familiengröße sind kaum Grenzen gesetzt durch Differenzierungen wie große Schwester, kleine Schwester, Zwillingsschwester und durch die diversen Verwandtschaftsgrade Tante, Cousine usw. Die Schülerin sollte kurz erklären, warum sie sich für bestimmte Familienrollen bei den jeweiligen Gruppenmitgliedern entschieden hat. Optimalerweise sollten alle die Gelegenheit haben, sich eine „Familie" zusammenzustellen. Dazu werden Sie in der Regel mehrere Termine ansetzen müssen.

Auswertungsfragen: Haben die Mitglieder der Gruppe von verschiedenen Mitschülern ähnliche/gleiche oder sehr unterschiedliche Familienrollen zugewiesen bekommen?
Ist ein Zusammenhang zwischen dem Verhalten in der Gruppe und den zugewiesenen Familienrollen erkennbar?
Stand die Mehrzahl der Schüler den zugewiesenen Rollen positiv oder negativ gegenüber? Entsprachen sie ihrem eigenen Rollenverständnis?

In Anlehnung an: Gudjons 1992, Seite 125

Wer ist wer?

Intention:	andere durch Vergleiche beschreiben und einschätzen
Altersgruppe:	ab 7. Klasse
Teilnehmerzahl:	bis zu Klassenstärke
Dauer:	eine Einheit à 45 Minuten
Vorbereitung:	keine

Spielverlauf: Die Gruppenmitglieder bestimmen eine Person, die hinausgeschickt wird. Dann einigen sie sich auf eine Schülerin, die von der hinausgeschickten Person herausgefunden werden soll.
Nachdem die Person wieder hineingerufen wurde, hat sie die Aufgabe, die ausgewählte Schülerin zu erraten. Dies tut sie, indem sie die Gruppe reihum in mehreren Fragerunden auf z. B. folgende Fragen antworten lässt:
– Wenn die zu Erratende eine Blume wäre, welche würde sie sein?
– Wenn sie ein Auto wäre, was für eines wäre sie?
– Welches Musikinstrument könnte sie sein?
– Welche bekannte Persönlichkeit könnte sie darstellen?

Nach jeder Runde kann geraten werden, welches Gruppenmitglied wohl beschrieben worden ist. Jede einzelne Frage kann auch zusätzlich differenziert werden. Wenn eine Person mit einem BMW assoziiert wird, kann weiter gefragt werden, ob es ein alter oder ein neuer, ein heller oder ein dunkler, ein großer oder ein kleiner usw. BMW ist. Ist die Schülerin erraten worden, geht das nächste Gruppenmitglied hinaus und muss einen anderen Schüler herausfinden. Dies kann beliebig oft wiederholt werden.

Beispiele für mögliche Fragen: Buch – Schauspieler – Land – Gewässer – Werkzeug – Sportler – usw.

Kapitel 4: Kein soziales Lernen ohne Feed-back

Auswertungshilfen: Wurden den Schülern von der Gruppe ähnliche oder sehr unterschiedliche Bilder zugeordnet?
Konnten die zu Erratenden sich mit den ihnen zugeschriebenen Dingen identifizieren?
Gab es Bilder, die sie völlig für sich ablehnen? (Dieses sollte unbedingt jede erratene Person gefragt werden.)

Anmerkung: Diese Übung eignet sich als Vorbereitung für die etwas schwierigere Übung „Was würde die Person tun, wenn ...?"

In Anlehnung an: Gudjons 1992, Seite 141 f.

Was würde er oder sie tun?

Intention: Schulung der Fremd- und Selbstwahrnehmung
Altersgruppe: ab 8. Klasse
Teilnehmerzahl: 10 – 15, eventuell auch Klassenstärke
Dauer: eine Schulstunde
Vorbereitung: Karten mit entsprechenden Fragen vorbereiten. Es ist sinnvoll, die Fragen zu variieren, da Jugendliche leicht das Interesse an der Übung verlieren, wenn sich die Fragen zu oft wiederholen.

Spielverlauf: Zu Beginn des Spieles erklärt sich eine Person bereit hinauszugehen. In der Klasse wird nun gefragt, wer sich erraten lassen möchte. Anschließend wird die vor der Tür stehende Person wieder in die Klasse gebeten und bekommt eine Anzahl vorgegebener Fragen (s. u.). Es darf pro Mitspieler nur eine Frage gestellt werden. Gefragt wird reihum. Auch die zu erratende Person agiert mit. Die Antworten der Jugendlichen müssen sich immer auf diese beziehen. Die ersten zehn Antworten sollten sehr allgemein gehalten sein, damit die Person nicht zu schnell erraten wird. Danach kann das Spieltempo gesteigert werden, indem die Antworten konkreter werden. Die ratende Person darf ab der fünften Antwort eine Einschätzung vornehmen. Trifft diese nicht zu, dann werden zwei weitere Antworten eingeholt usw. Das Spiel endet mit dem Erraten der Person. Während des gesamten Spielverlaufes gilt die Absprache, dass keine verletzenden oder diskriminierenden Äußerungen gemacht werden dürfen.

Anmerkung: Für die erste Spielrunde empfiehlt es sich, Personen hinauszuschicken, die in der Gruppe akzeptiert sind. Das verringert die Gefahr, dass einige Spieler diese Übung dazu benutzen, ihren „Frust" abzulassen, und kränkende Antworten geben. Falls dies dann doch geschieht, wäre es sinnvoll, das Spiel an dieser Stelle sofort zu unterbrechen und derartige Antworten zu thematisieren. Das Spiel sollte erst fortgesetzt werden, wenn die negative Stimmung bereinigt ist.

Fragen:
Alle Fragen beginnen mit der Einleitung: Was würde die Person tun, wenn ...
sie mit einem vollbepackten Einkaufswagen an der Kasse steht und feststellt, dass sie ihr Portmonnaie vergessen hat?
sie von jemandem mutwillig getreten wird?
sie 10.000,– DM in einer Lotterie gewinnt?
sie vor der Haustür steht und den Schlüssel verloren hat?
sie beim „Schwarzfahren" erwischt wird?
sie verschläft und feststellt, dass sie zu spät zum Unterricht kommt?
sie im Diktat eine Fünf geschrieben hat?
sie aufgefordert wird, bei sich abschreiben zu lassen?
sie Langeweile hat und alle Freunde verreist sind?
der/die beste Freund/in ihr den Freund/die Freundin ausspannt?
es so aussieht, als würde sie sitzen bleiben?
sie bemerkt, dass Mitschüler in der Pause kiffen?
sie sieht, dass auf der Schultoilette geraucht wird?
sie zu Hause mit den Eltern Streit hat?
die Freunde sagen: „Wenn du nicht einen mit uns trinken gehst, gehörst du nicht mehr zu unserer Clique!"?
sie von ihrem Freund zum Baden am FKK-Strand eingeladen wird?
sie erfährt, dass ihre Freundin hinter ihrem Rücken über sie redet?
ihre Freundin von zu Hause weglaufen will und sie einweiht?
ihre Mutter sie mit ihrem Freund/ihrer Freundin im Bett antrifft und dann beschimpft?
ihr Freund ihr mitteilt, dass er schwul ist?
sie erfährt, dass ihr Freund/ihre Freundin sich in ihren Freund/ihre Freundin verliebt hat?
ihre Eltern gegen die Freundschaft mit einem ausländischen Jungen/Mädchen sind?
ihre Eltern ihr verbieten, am Wochenende in die Disco zu gehen?
sie erfährt, dass sie vermutlich ihren Schulabschluss nicht schafft?
ihr jemand sagt, sie soll sich eine nettere Frisur zulegen?
ihr jemand in einer Warteschlange an den Hintern fasst?
ihr jemand sagt, sie/er wirke unweiblich bzw. unmännlich?

Was wir an dir gut finden!

Intention: den anderen aufschreiben, was man an ihnen gut findet, welche Eigenschaften, welches Verhalten oder welche Fähigkeiten von der Gruppe positiv erlebt werden
Altersgruppe: ab 9. Klasse
Teilnehmerzahl: bis zu 10 (größere Gruppen in Untergruppen aufteilen)
Dauer: eine Einheit à 45 Minuten
Vorbereitung: Schreibzeug, Papier

Spielverlauf: Jedes Gruppenmitglied schreibt auf einen leeren Bogen zunächst seinen Namen und dann als Überschrift: „Wir finden an dir gut, dass ...".
Alle Schüler überlegen nun für sich allein, was sie an den anderen Gruppenmitgliedern gut finden. Dabei kann es sich um bestimmte Fähigkeiten oder Verhaltensweisen handeln. Wenn der Gruppe zunächst nichts einfällt, kann es helfen, die Augen zu schließen und zu versuchen, sich nach einer kurzen Entspannungsübung an Erlebnisse und Begebenheiten, die sie mit der Person verbinden, zu erinnern. Dann werden Namenszettel aller Gruppenmitglieder übersichtlich im Raum verteilt, z. B. auf den Fensterbänken und Tischen oder auf den Stühlen. Der Name steht oben auf dem Zettel und sollte nicht mehr Platz als ein Zehntel desselben einnehmen! Die Kommentare werden der Reihe nach von unten nach oben eingetragen. Alle Schüler gehen nun, ohne miteinander zu reden, von Zettel zu Zettel und schreiben unter den Namen auf maximal einem Zehntel des Zettels, was ihnen zu den betreffenden Personen eingefallen ist.
Nach circa 15 – 20 Minuten spricht die Gruppe darüber, wie sie die positiven Rückmeldungen ihrer Mitschüler einschätzt.

Auswertungsfragen: Bekommen die Schüler auch im Alltag positive Rückmeldungen von ihren Mitschülern?
Warum ist es einem häufig peinlich, gelobt zu werden?
Werden die Komplimente als ehrlich oder als freundliche Lügen eingeschätzt?
Gibt es Aussagen, die für die Schüler überraschend oder sehr wichtig sind?
Lehnen sie ihnen zugeschriebene Verhaltensweisen ab?
Vermissen sie nicht vorkommende Äußerungen?

Anmerkung: Damit die Jugendlichen nicht einfach voneinander abschreiben, können Sie zur Auflage machen, dass die Zettel nach jedem geschriebenen Satz umgeknickt werden.

In Anlehnung an: Gudjons 1992, Seite 145 f.

Was uns an dir stört!

Intention: den anderen aufschreiben, was man an ihnen nicht mag, welche Verhaltensweisen als unangenehm erlebt werden

Altersgruppe: ab 9. Klasse

Teilnehmerzahl: bis zu 10 (größere Gruppen in Untergruppen aufteilen, die für sich arbeiten)

Dauer: eine Einheit à 45 Minuten

Vorbereitung: Papier und Schreibzeug

Spielverlauf: Jedes Gruppenmitglied schreibt auf einen leeren Bogen zunächst seinen Namen und dann als Überschrift: „Uns stört an dir, dass ...".
Alle Schüler überlegen nun für sich allein, was sie an den anderen Gruppenmitgliedern stört. Dabei kann es sich um als negativ empfundene Eigenschaften oder unangenehme Verhaltensweisen handeln. Auch bei dieser Übung kann eine einleitende Entspannungsübung dabei helfen, die Erinnerungen an die Mitschüler zu aktivieren. Der Spielverlauf selbst ist identisch mit dem des vorhergehenden Spiels „Was wir an dir gut finden!". Um zu verhindern, dass die Schüler die Einträge ihrer Vorgänger lesen, sollte der Zettel jeweils nach einem Eintrag umgeknickt werden. Die gemachten Äußerungen sollen keine allgemeinen Urteile über die Persönlichkeit der anderen sein, sondern sich nur auf das von den Mitschülern erlebte Verhalten beziehen. Beleidigungen, Beschimpfungen usw. sind nicht gestattet. Nach circa 15 – 20 Minuten spricht die Gruppe darüber, wie sie die negativen Rückmeldungen einschätzt.

Auswertungsfragen: Wie schwer fällt es den Schülern, die geäußerte Kritik zu verkraften?
Sind sie bereit, sich mit ihr auseinander zu setzen?
Wollen bzw. können sie Eigenschaften oder Verhaltensweisen verändern?
Gibt es Verhaltensweisen, die sie, obwohl sie von ihren Mitschülern als störend empfunden werden, beibehalten wollen?
Haben sie mit Rückmeldungen gerechnet, die nicht geäußert wurden?
Haben die Schüler für sie neue oder überraschende Rückmeldungen erhalten?

Anmerkung: Diese Übung sollte nur dann durchgeführt werden, wenn in der Gruppe ein positives Gruppenklima und ein stabiles Vertrauensverhältnis besteht. Sie sollte möglichst durch eine Übung zum positiven Feed-back ergänzt werden (z. B. „Was wir an dir mögen" oder „Das positive Feed-back").

In Anlehnung an: Gudjons 1992, Seite 146 f.

Brief von Unbekannt

Intention: Stellenwert in der Gruppe bestimmen; positives und negatives Feed-back erhalten
Altersgruppe: ab 7. Klasse
Teilnehmerzahl: bis zu Klassenstärke
Dauer: eine Stunde
Vorbereitung: Namenskärtchen fertigen

Spielverlauf: Jedes Gruppenmitglied zieht per Los ein Kärtchen mit dem Namen einer Mitspielerin. Auf dieses schreibt es drei Eindrücke, die es von seiner Mitspielerin hat. Diese „Briefe" werden vorgelesen. Jede Empfängerin muss ihre Schreiberin erraten.

Anmerkung: Dieses Spiel ist nur für Gruppen geeignet, die sich schon etwas kennen und in denen ein gewisses Vertrauen herrscht. Ansonsten besteht die Gefahr, dass nur Nebensächlichkeiten ausgetauscht werden. Es ist darauf zu achten, in welcher Form Kritik geäußert und wie darauf reagiert wird.

Wohnungssuche

Intention: Eigen- und Fremdwahrnehmung stärken
Altersgruppe: ab 9. Klasse
Teilnehmerzahl: bis zu Klassenstärke
Dauer: eine Stunde
Vorbereitung: Namenskärtchen vorbereiten

Spielverlauf: Durch Verlosen der Namenskärtchen erhält jedes Gruppenmitglied den Namen einer weiteren Person. Für diese soll nun kurz und prägnant unter Angabe einiger persönlicher Merkmale eine Wohnungsofferte formuliert werden. Anschließend werden die Anzeigen in einem großen Karton (oder auch in einer Mütze) eingesammelt, gemischt und nacheinander vorgelesen. Die Gruppe hat dann die Aufgabe zu raten, für wen wohl die jeweilige Anzeige aufgegeben worden ist. Die Betroffenen äußern sich dann dazu, ob die Anzeige auf sie zutrifft, oder warum die beschriebenen Inhalte nicht mit ihrer Persönlichkeit übereinstimmen.

In Anlehnung an: Gudjons 1992, Seite 152 f.

Vier-Ecken-Spiel

Intention: sich über Stärken und Schwächen unterhalten, Selbstbild und Fremdbilder diskutieren
Altersgruppe: ab 7. Klasse
Teilnehmerzahl: Klassenstärke
Dauer: 20 Minuten
Vorbereitung: Zettel vorbereiten

Spielverlauf: Die Klasse wird in Kleingruppen zu 5 Personen eingeteilt. Jede Person erhält einen vorbereiteten Zettel.

1. Schritt: Auf der Vorderseite wird der eigene Name notiert und auf der Rückseite eine Eigenschaft, welche die betreffende Person an sich nicht gut findet. Die Zettel dürfen während des ganzen Spiels nicht umgedreht werden, die negative Eigenschaft darf nur der Absender am Ende des Spiels preisgeben.
2. Schritt: Dieser Zettel wird mit dem Namen nach oben jeweils nach links weitergereicht. Jetzt überlegt sich jede Person eine positive Eigenschaft zu dem Namen auf dem Zettel, schreibt sie in die linke obere Ecke und knickt diese ab, sodass die Eigenschaft nicht zu lesen ist.
3. Schritt: Dieser Vorgang wird so lange wiederholt, bis der Zettel wieder bei dem jeweiligen Absender angelangt ist.
4. Schritt: Der Zettel mit den vier positiven Eigenschaften wird vom Empfänger in Ichform vorgelesen: Ich bin freundlich. Ich bin mutig. Ich bin ... usw. Dann wird der Zettel gedreht und die negative Eigenschaft wird ebenfalls in Ichform vorgelesen: Ich bin aber auch vorlaut.
5. Schritt: Die Mitspieler müssen ihre Wahl der positiven Eigenschaft begründen und jedes Gruppenmitglied muss sich zu seiner negativen Eigenschaft äußern.

Anmerkung: Es hat sich als günstig erwiesen, ein Beispiel an die Tafel zu zeichnen, da den Schülern oftmals anfänglich der Ablauf etwas verwirrend erscheint. Die Gruppen können beliebig neu zusammengesetzt werden. Je nach Diskussionsfreudigkeit und Zusammensetzung der Gruppen dauert das Spiel zwischen 20 Minuten und 1 Schulstunde.

Dieses Spiel haben wir durch Ursula Pfender kennen gelernt.

Kapitel 4: Kein soziales Lernen ohne Feed-back 99

Positives Feed-back

Intention: bewusstes Wahrnehmen seiner Mitmenschen, Selbstwertgefühl stärken, Gruppengefühl positiv beeinflussen
Altersgruppe: ab 8. Klasse
Teilnehmerzahl: bis zu 18 Personen
Dauer: eine Einheit à 45 Minuten
Vorbereitung: keine

Spielverlauf: Die Schüler suchen sich innerhalb der Gruppe einen Partner, den sie gut kennen. Sie setzen sich paarweise gegenüber und überlegen sich schweigend, welche positiven Eigenschaften ihr Partner hat (5 Min.). Sie notieren diese auf einem Blatt Papier. Anschließend sollen die Jugendlichen außerhalb des Schulgebäudes einen Spaziergang unternehmen, von dem sie drei Gegenstände mitbringen, die drei Stärken des Partners darstellen. (Beispiel: ein Stück Glas für einen „klaren Kopf" oder einen Stein für Zuverlässigkeit.)
Die Schüler werden gebeten, auf dem Spaziergang nicht mit dem jeweiligen Partner zu sprechen und vor allem nicht die ausgesuchten Gegenstände zu zeigen. Nach 15 Minuten treffen sich alle wieder im Kreis und jeder Einzelne überreicht seinem Mitschüler nacheinander die mitgebrachten Gegenstände. Er erklärt dabei, für welche positiven Eigenschaften die einzelnen Gegenstände stehen.

Auswertungsfragen: Traten Probleme beim Finden der Stärken auf?
Wie ging es euch mit der Auswahl der passenden Gegenstände?
War es leichter, etwas Positives zu sagen oder etwas Positives zu hören?
Haben euch die genannten Vorzüge gefallen?
Welche Gefühle hattet ihr, als eure Vorzüge genannt wurden?

Erfahrungen: Diese Übung eignet sich gut für Gruppen, die sich schon länger kennen und in denen gerade kritisiert und „gemäkelt" wird. Falls die Gruppe draußen nicht spazieren gehen kann, können die Schüler die Gegenstände zeichnen oder aus Zeitschriften ausschneiden.

In Anlehnung an: Vopel 1992 a, Seite 65 f.

Ich fühle – ich empfinde ...

Intention: offene und klare Verbalisierung von Gefühlen üben; den Unterschied zwischen direktem und indirektem Gefühlsausdruck erkennen lernen

Altersgruppe: ab 9. Klasse

Teilnehmerzahl: bis zu Klassenstärke

Dauer: eine Einheit à 45 Minuten

Vorbereitung: Arbeitsbogen mit Beispielen

Spielverlauf: Jedes Gruppenmitglied erhält den Arbeitsbogen (Seite 101 und 102) mit den Beispielen und hat die Aufgabe, für jedes Beispiel herauszufinden, ob es sich um direkt formulierte Gefühle oder indirekt, versteckt ausgedrückte handelt. Vor jeden Satz, der ein Gefühl direkt beschreibt, wird ein „d" (für „direkt") geschrieben. Sätze, die zwar ein Gefühl andeuten, dieses aber nicht explizit formulieren, werden mit einem „i" (für „indirekt") gekennzeichnet. Zunächst arbeiten die Gruppenmitglieder für sich allein. Anschließend diskutieren sie die Ergebnisse. Für Beispiele, die sie nicht eindeutig zuordnen können, wird, um das Prinzip deutlich zu machen, gemeinsam ein klarer, direkter Ausdruck für das jeweilige Gefühl gesucht.

Auswertungshilfen: Bei Zweifelsfällen sollten Formulierungsalternativen gesucht werden. Besonders kritisch müssen Änderungen überprüft werden, die mit „Ich fühle ..." oder „Ich empfinde ..." beginnen. Wird dann wirklich ein Gefühl formuliert und benannt?

Anmerkung: Diese Übung ist richtig schwer. Auch die meisten Erwachsenen haben Probleme damit, ihre Gefühle wirklich offen und direkt zu formulieren, da dies in unserer Gesellschaft nicht üblich ist. Führen Sie die Übung nur dann mit Jugendlichen durch, wenn Sie selbst sicher genug darin sind, ihre Gefühle direkt zu äußern.

In Anlehnung an: Schwäbisch-Siems 1974, Seite 58 f.

Kapitel 4: Kein soziales Lernen ohne Feed-back

Arbeitsbogen I „Ich fühle – ich empfinde...“
Beispiele für indirekte (i) und direkte (d) Gefühlsäußerungen

i   „Lass das!“

Der Sprecher drückt zwar seine Unzufriedenheit mit dem Verhalten des anderen aus, benennt sie aber nicht direkt. Er befiehlt dem anderen aufzuhören, teilt ihm aber nicht mit, in welchem Zustand er sich befindet.

i   „Ärgere mich nicht schon wieder!“

Dies ist eine Aussage über den anderen. Der Sprecher äußert nicht, dass ihn eine bestimmte Verhaltensweise stört, verletzt oder ärgert, und drückt den Wunsch, dass der andere damit aufhören soll, nicht direkt aus.

i   „Man tut das nicht!“

Der Sprecher stellt eine Norm auf. Er bekennt sich nicht dazu, dass er selbst es ist, den etwas stört, sondern er beruft sich auf eine Verhaltensvorschrift. Er hofft, dass der andere sich dadurch einschüchtern oder beeinflussen lässt.

d   „Ich mag das nicht!“

Der Sprecher drückt sein Gefühl direkt aus. Er mag etwas nicht und sagt dies auch.

Auf der folgenden Seite findest du verschiedene Bekundungen. Kennzeichne diejenigen, die ein Gefühl **direkt** ausdrücken, mit einem „**d**“ und die, die das nur **indirekt** tun, mit einem „**i**“.

Arbeitsbogen II „Ich fühle – ich empfinde..."

1		Kannst du denn nicht sehen, dass ich beschäftigt bin?
		Jetzt bitte keine Störung!
		Ich ärgere mich darüber, dass du hereingekommen bist und mich störst.
		Du denkst überhaupt nicht an andere, du Egoist!

2		Ich fühle mich entmutigt durch das, was heute passiert ist.
		Das ist ein unangenehmer Tag gewesen.

3		Du bist ein toller Typ.
		Ich mag dich wirklich gern.
		Ich fühle mich wohl, wenn ich mit dir zusammen bin.
		Wir fühlen alle, dass du ein toller Kerl bist.
		Jeder mag dich.

4		Mich ärgert die Art, wie du mit anderen umgehst.
		Du benimmst dich wie ein Elefant im Porzellanladen.
		Interessieren dich die anderen nicht?
		Man sollte wenigstens die Gebote der Höflichkeit beachten.

5		Das ist eine schlechte Übung.
		Ich fühle, dass dies eine schlechte Übung ist.
		Ich bin verwirrt, frustriert und sauer durch diese Übung.

Kapitel 5
Freundschaft, Liebe und Rollenverständnis

Einleitung

Ab welchem Alter bespricht man mit Jugendlichen die Themen Freundschaft, Liebe und Sexualität? Wem stellt sich die Frage? Eine eindeutige Antwort ist nicht möglich. Es geht im Gegenteil darum, darauf zu achten, innerhalb der Gruppenarbeit nicht durch Festlegung auf bestimmte Altersstufen neue Normen für die Jugendlichen festzuschreiben. Jede Frage, die Schülerinnen und Schüler stellen, muss bearbeitet werden können. Es ist keinesfalls davon auszugehen, dass Jugendliche in einem bestimmten Alter bestimmte Erfahrungen gemacht haben bzw. gemacht haben müssen. Nur unter dieser Voraussetzung ist es jedem Gruppenmitglied möglich, seine Fragen und Probleme zu äußern.

Wir stellen Übungen vor, die einen schnellen und guten Kontakt zu den Jugendlichen ermöglichen. Dabei geht es um das Verhältnis zum eigenen Körper, zur Sexualität und zu den damit verbundenen Gefühlen. Es geht um Freundschaft, Gruppen und die Familien sowie deren Einfluss auf das Mann- /Frau-Werden.

Oft stellt sich die Frage, wie sich geschlechtsspezifische Verhaltensweisen entwickeln und ob den Mädchen und Jungen diese Verhaltensweisen gefallen. Neben einer angemessenen Aufklärung müssen Themen wie „Einstellungen" und „Verhaltensweisen" in Unterricht und Schulalltag einfließen.

Die Jungensozialisation mit der Tendenz zu Überlegenheit, Dominanz und Aggressivität muss ebenso hinterfragt werden wie das angepasste, schweigsame und duldsame Verhalten der Mädchen. In Gesprächen mit Mädchen und Jungen wird immer wieder deutlich, dass sie mit diesen Rollenbildern nicht einverstanden sind, sich aber dennoch in ihrem Verhalten danach richten. Wie können Pädagogen präventiv arbeiten? Wie können sie verhindern, dass Jungen zu Machos und Mädchen zu Weibchen werden?

Voraussetzung für eine Erziehung, bei der Gleichberechtigung und Chancengleichheit an oberster Stelle stehen, ist, dass wir Erwachsene unsere eigenen Rollenbilder und Verhaltensweisen immer wieder überdenken und hinterfragen. Dazu gehört auch, dass wir Jugendlichen zu Vertrauen in ihre Stärken und Widerstandskräfte verhelfen.

In der Gruppenarbeit heißt das für die Gruppenleiterin, sich über die von Jugendlichen bevorzugten Eigenschaften, Verhaltensweisen und Erwartungen einen Überblick zu verschaffen. Erst dann kann sie gezielt an ihrer aktuellen Situation ansetzen. Es geht um Vorbilder, frühere Erlebnisse, unterschiedliche Sichtweisen von Jungen und Mädchen.

Der zentrale Punkt ist: „Wer bin ich und wie sehen mich die anderen?"

Die Jugendlichen sollen einen Raum bekommen, in dem sie sich angstfrei diesen Fragen nähern und stellen können. Sie lernen, dass Selbstbestimmung und Verantwortung beim Einzelnen liegen. Sie selbst entscheiden, welche Art der Partnerbeziehung sie eingehen möchten, welche Lebensformen ihren Wünschen entsprechen. Die eigene Sozialisationsgeschichte nachzuvollziehen und zu verstehen schärft die bewusste Wahrnehmung von Fremdbestimmung und übernommenen Verhaltensweisen. Oft ist gerade die Sexualaufklärung repressiv und tabuisiert verlaufen, was viele Ängste erzeugt hat.

Die Übungen bauen Ängste ab und ermutigen die Schülerinnen und Schüler dazu, sich mit ihrer Person zu befassen, sich selbst anzuerkennen und einen gleichberechtigten Umgang mit der Partnerin/dem Partner zu entwickeln.

Vor Beginn der Gruppenarbeit zu diesem Themenkreis ist es notwendig, die Gruppe genau zu betrachten. Dominieren Jungen die Mädchen oder ist es umgekehrt? Gibt es viele Hemmungen gegenüber dem anderen Geschlecht oder starke Konkurrenzen untereinander? Ist es sinnvoll, die Gruppe zu teilen?

Das bedeutet auch, dass es sowohl jungen- als auch mädchenspezifische Themen gibt. Das bedeutet aber auch, dass es Themen gibt, die Mädchen und Jungen gleichermaßen interessieren und angehen.

Zu Beginn des Gruppenprozesses sollte das Thema „Schamgrenze" besprochen werden. Jeder Mensch zieht diese Grenze individuell. Deshalb hat auch jeder das Recht zu sagen „Stopp, darüber möchte ich nicht sprechen!", ohne seinen Wunsch begründen oder diskutieren zu müssen. Durch die Übungen werden die Jugendlichen ermutigt, diese Grenzen vorsichtig zu erweitern.

Als Einstieg in die Gruppenarbeit bieten sich kreative Arbeitsformen an: Wandzeitungen, Collagen, Körperumrisse, Fantasiereisen oder Rollenspiele. Warmups und das Blitzlicht (s. Seite 27) entkrampfen die Anfangssituation. Wir haben die Erfahrung gemacht, dass Filme oder anderes von Jugendlichen nur zu konsumierendes Material zu Inaktivität führen bzw. die Inhalte der Arbeit zu sehr in eine vorgegebene Richtung drängen.

Kapitel 5: Freundschaft, Liebe und Rollenverständnis

Idealtyp

Intention:	Verdeutlichung des Ideals von einer Partnerin/einem Partner
Altersgruppe:	ab 15 Jahre
Teilnehmerzahl:	Klassenstärke
Dauer:	zwei bis drei Einheiten à 45 Minuten
Vorbereitung:	Zeitschriften, Scheren, Klebstoff und großes Papier

Spielverlauf: Die Gruppe teilt sich nach Jungen und Mädchen, wenn möglich in mehrere Kleingruppen, auf. Jede Gruppe stellt aus Zeitungen und Illustrierten eine Collage zusammen. Aufgabe der Kleingruppe ist es, den jeweiligen Idealmann oder die Idealfrau darzustellen. Die Jungen erstellen den Idealmann, die Mädchen die Idealfrau. Die Collagen werden aufgehängt und gemeinsam besprochen.

Traummann/Traumfrau

Intention:	Überprüfung der Auswahlkriterien für die Partnerwahl
Altersgruppe:	ab 8. Klasse
Teilnehmerzahl:	bis zu Klassenstärke
Dauer:	zwei Einheiten à 45 Minuten
Vorbereitung:	dicke Filzstifte, große Bögen, Papier, Arbeitsbögen

Spielverlauf: In geschlechtsspezifisch zusammengesetzten Gruppen werden 30 bis 40 Merkmale gesammelt, die für die Gruppenmitglieder ein Traummann bzw. eine Traumfrau erfüllen sollte. Anschließend entscheidet sich jedes Gruppenmitglied für die zehn Merkmale, die ihm am wichtigsten sind. Diese werden daraufhin überprüft, ob es sich um Äußerlichkeiten oder Charaktereigenschaften handelt, und jeweils mit einem Kreis oder einem Kreuz gekennzeichnet.
Jedes Gruppenmitglied darf nun auf einem Arbeitsbogen die verschiedenen Merkmale in drei vorgegebene Kreise einzeichnen, um so die Wichtigkeit der einzelnen Eigenschaften sichtbar zu machen. In den mittleren Kreis dürfen drei Merkmale gesetzt werden, die anderen Kreise können beliebig gefüllt werden.
In kleineren Gruppen bietet sich an, die drei Merkmale des inneren Kreises laut in Ichform vorlesen zu lassen, um zu überprüfen, ob diese Eigenschaften auch im Einklang mit der eigenen Person stehen. Ein Beispiel: Es stehen folgende Begriffe in der Mitte: klug, sexy, schön. Jetzt müssen die Begriffe mit folgendem Satzanfang gesprochen werden: Ich bin klug, ich bin sexy und ich bin schön. Die

vortragende Person muss anschließend für sich entscheiden, ob sie diesen Anforderungen ausgesetzt werden möchte oder nicht. Diese Vorgehensweise eignet sich nicht für Gruppen mit mehr als 15 Mitgliedern. Um die von Schülern gewünschten Merkmale zu hinterfragen, sollten sich Diskussionen anschließen. Auswertungsfragen:

– Welche Rolle spielen die gewünschten Merkmale im Zusammenleben?
– Kann man von Äußerlichkeiten auf den Charakter, die Fähigkeiten schließen?
– Welche Merkmale erfüllen die Mütter/Väter?
– Stelle ich an einen Freund die gleichen Ansprüche wie an einen Partner?
– Stelle ich an eine Freundin die gleichen Ansprüche wie an einen Freund?
– Welche Rolle spielt die Sexualität?

Welche Erwartungen habe ich an eine Beziehung?

Intention:	Beziehungserwartungen ergründen
Altersgruppe:	ab 13 Jahre
Teilnehmerzahl:	bis zu Klassenstärke
Dauer:	eine Einheit à 45 Minuten
Vorbereitung:	Arbeitsblatt erstellen

Spielverlauf: Bei dieser Übung sollen Jungen und Mädchen gemeinsam über ihre Erwartungen an eine Beziehung, ihre Ängste und ihre Wünsche reden. Es werden Arbeitsblätter (s. Seite 109 f.) mit folgenden Fragen ausgeteilt: Was erwarte ich von meiner Freundin/meinem Freund? Welche Eigenschaften soll er/sie haben? Wie soll sie /er sich verhalten?

Innerhalb der Kleingruppe werden die Ergebnisse besprochen und Schwerpunkte oder Fragen formuliert (15 Min.), die später in der Großgruppe diskutiert werden (15 Min.). Es ist sehr wichtig, den Einsatz der Fragebögen nicht als Erhebung anzusehen, die uns statistische Daten liefert, sondern als einen Rahmen, in dem die Jugendlichen mal artikulieren, was sie in der Regel allein mit sich herumtragen und sich nicht auszusprechen wagen.

Durch Vergleiche und Gespräche können dann nicht nur bestimmte Verhaltensweisen verständlicher gemacht, sondern es kann auch eine gemeinsame Basis für spätere Auseinandersetzungen geschaffen werden. Die geschlechtsspezifischen Untergruppen ermöglichen häufig ein Solidaritätsgefühl bei den Jugendlichen, was sich auf die Behandlung des Themas in der Großgruppe recht günstig auswirkt.

In Anlehnung an: Fricke/Klotz/Paulich 1980, Seite 253 f.

Kapitel 5: Freundschaft, Liebe und Rollenverständnis

Welche Erwartungen habe ich an eine Beziehung?
Arbeitsbogen für Jungen

Was erwarte ich von meiner Freundin?

_____

_____

_____

_____

_____

Welche Eigenschaften soll sie haben?

_____

_____

_____

_____

Wie soll sie sich verhalten?

_____

_____

_____

_____

Welche Erwartungen habe ich an eine Beziehung?
Arbeitsbogen für Mädchen

Was erwarte ich von meinem Freund?

Welche Eigenschaften soll er haben?

Wie soll er sich verhalten?

Kapitel 5: Freundschaft, Liebe und Rollenverständnis

Welche Bedeutung hat Zärtlichkeit?

Intention: Was verstehen Schülerinnen und Schüler unter Zärtlichkeit? Welche Rolle spielt sie im eigenen Leben? Welche Barrieren stehen dem Austausch von Zärtlichkeit entgegen?

Altersgruppe: ab 10 Jahre
Teilnehmerzahl: Klassenstärke / Partnerarbeit
Dauer: zwei Einheiten à 45 Minuten
Vorbereitung: Fragenkatalog (siehe Arbeitsbogen), Bleistift und Papier

Spielverlauf: Es setzen sich jeweils zwei Schülerinnen zusammen und beantworten die Fragen schriftlich. Anschließend bilden sich Kleingruppen (3 Paare) und diskutieren über ihre Gemeinsamkeiten und ihre Unterschiede, dann formulieren sie zwei Schwerpunkte bzw. Fragen, die die Großgruppe diskutieren soll.

Auswertungsfragen:

– An welchen Punkten gab es für wen Schwierigkeiten und warum?
– Wo gibt es Zärtlichkeit (Freundeskreis, Familie, Schule, zwischen Gleichgeschlechtlichen, zwischen Mensch und Tier, zwischen Mann und Frau)?
– Gibt es Lebenszusammenhänge, in denen Zärtlichkeit nicht vorkommt?
– Erfahren und beschreiben Jungen und Mädchen „Zärtlichkeit" unterschiedlich?
– Welche Rolle spielt die Erziehung dabei?

Arbeitsbogen „Zärtlichkeit"

Was ist Zärtlichkeit für dich?

_____

_____

_____

Wo kommt in deinem Leben Zärtlichkeit vor? (Benenne konkrete Situationen)

_____

_____

_____

Zu wem möchtest du zärtlich sein und zu wem nicht?

_____

_____

_____

Zu wem möchtest du zärtlich sein und warum bist du es nicht?

_____

_____

_____

Von wem kannst du Zärtlichkeit annehmen, von wem nicht? Warum nicht?
(Nenne Personen, die eine Bedeutung für dich haben)

_____

_____

Kapitel 5: Freundschaft, Liebe und Rollenverständnis   113

Welche Vorteile hat es, ein Mädchen / Junge zu sein

Intention: Erörterung der Vor- und Nachteile der gesellschaftlichen
                      Rollenzuschreibung, Auflockerung bestehender verkruste-
                      ter Rollenauffassungen in Bezug auf Geschlechterrollen
Altersgruppe: ab 9. Klasse
Teilnehmerzahl: bis zu Klassenstärke
Dauer: zwei Einheiten à 45 Minuten
Vorbereitung: dicke bunte Stifte, Packpapierbögen

Spielverlauf: Die Klasse teilt sich in zwei geschlechtsspezifische Gruppen auf.
Die Mädchen setzen sich mit den gesellschaftlichen Vor- und Nachteilen der
Jungen auseinander, diese wiederum beschäftigen sich mit der Situation der
Mädchen. Jede Gruppe bekommt zwei große Bögen Packpapier.

Die Mädchengruppe beschriftet ihre beiden Bögen folgendermaßen:
1. Bogen: Welche Vorteile haben die Jungen/Männer in unserer Gesellschaft?
2. Bogen: Welche Nachteile haben die Jungen/Männer in unserer Gesellschaft?

Die Jungengruppe beschriftet ihre beiden Bögen genauso, wobei jeweils statt
„Jungen/Männer" „Mädchen/Frauen" steht. Jedes Gruppenmitglied darf seine
Sichtweise aufschreiben. Dafür stehen ca. 15 Minuten zur Verfügung. An-
schließend kommen beide Gruppen wieder zusammen und werten die Ergebnis-
se aus. Danach trennen sich die Gruppen wieder und nehmen jeweils die von der
anderen Gruppe ausgefüllten Bögen mit. Die Jungen werten also die Aussagen
der Mädchen aus und umgekehrt. Folgende Leitfragen ergeben ein brauchbares
Auswertungsraster:
– Welche Aussagen treffen zu?
– Welche Aussagen treffen nicht zu?
– Inwieweit findet sich der/die Einzelne in den Aussagen wieder?

Jeweils ein Gruppenmitglied notiert die Antworten der eigenen Gruppe und nach
20 Minuten kommen beide Gruppen wieder zusammen.

Anmerkung: Die Bögen und ihre Aussagen können auch gleich nachdem sie
ausgefüllt wurden von beiden Gruppen gemeinsam diskutiert werden.

Variante: Die Gruppe sitzt im Kreis, in der Mitte sitzen sich jeweils ein
Mädchen und ein Junge gegenüber. Beide haben jeweils drei freie Stühle neben
sich. Die Gruppe bestimmt nun, über welche Aussage die beiden diskutieren sol-

len. Die Diskutierenden dürfen sich nach und nach Hilfe aus ihren eigenen Reihen holen, bis alle Stühle besetzt sind. Nach geraumer Zeit werden die Diskussionspartner ausgetauscht.

Auswertungsfragen: Fühle ich mich vom anderen Geschlecht verstanden?
Wie wurde ich von der eigenen Gruppe unterstützt?
Wie gehen Jungen und Mädchen miteinander um?
Inwieweit ergänzen sich Jungen und Mädchen?
Welche Rivalitäten bestehen?
Gab es aggressive verbale Äußerungen, wenn ja, wie ging die Gruppe damit um?

In Anlehnung an: Vopel 1992 c, Seite 123 f.

Was ist ein richtiger Junge / ein richtiges Mädchen?

Intention: geschlechtsspezifische Erziehung erkennnen
Altersgruppe: ab 9. Klasse
Teilnehmerzahl: bis zu Klassenstärke
Dauer: ein bis zwei Einheiten à 45 Minuten
Vorbereitung: Arbeitsblatt (s. Seite 115 f.) kopieren

Spielverlauf: In dieser Übung erhalten die Jugendlichen Gelegenheit, sich damit auseinander zu setzen, inwieweit Mädchen und Jungen im traditionellen Rollenverständnis erzogen werden. Diese Tradition haben Eltern gemeinsam mit anderen Traditionen von ihren Eltern gelernt und vorgelebt bekommen, diese wiederum von ihren Eltern. Diese Tradition sieht für die Frau die Rolle der Köchin und Hausfrau vor. Der Mann hat die Aufgabe, die materielle Absicherung der Familie durch Berufstätigkeit zu garantieren. Als Berufstätiger muss er demnach hart und offensiv sein, während die Frau als Hausfrau und Mutter gefühlvoll sein sollte und auch weinen darf. Mit Hilfe der Arbeitsbögen können Jugendliche überprüfen, inwieweit ihre Eltern ihnen ein „richtiges Mädchenverhalten" oder ein „richtiges Jungenverhalten" vermittelt haben.

Auswertungsfragen:
– Kann ich „ich" sein oder werden mir deutlich Grenzen gesetzt?
– Haben bestimmte Rollenfestlegungen ihre Berechtigung?
– Bin ich froh, dass ich ein Mädchen/Junge bin?

In Anlehnung an: Vopel 1992c, Seite 116 ff.

Kapitel 5: Freundschaft, Liebe und Rollenverständnis 115

Arbeitsbogen (I) „Was ist ein ein richtiger Junge/ ein richtiges Mädchen?"*

Schreibe Anforderungen und Erwartungen auf, die deine Eltern dir gegenüber äußerten, damit du ein „richtiges" Mädchen bzw. ein „richtiger" Junge werden würdest. Du kannst auch etwas nennen, was dir verboten wurde oder derentwegen du ausgelacht wurdest von deinen Eltern, weil ein Junge/ein Mädchen so was nicht tut. Wenn du die Erwartungen oder Verbote ganz klar deinem Vater oder deiner Mutter zuordnen kannst, dann schreibe das dazu.

1. _____

_____

2. _____

_____

3. _____

_____

4. _____

_____

5. _____

_____

6. _____

_____

7. _____

_____

8. _____

_____

9. _____

_____

10. _____

_____

* Hinweis für Gruppenleiterinnen und Gruppenleiter: Kopieren Sie den Bogen zweimal und lassen Sie die Jugendlichen das Zutreffende unterstreichen

Arbeitsbogen (II) „Was ist ein richtiger Junge/ ein richtiges Mädchen?"

Was haben die Dinge, die du aufgeschrieben hast, gemeinsam?

_____

_____

_____

_____

Wenn du konkrete Erwartungen und Verbote deinem Vater bzw. deiner Mutter zuordnen konntest, versuche zu sagen, ob diese zu vereinbaren waren oder ob sie sich manchmal widersprachen.

_____

_____

_____

_____

_____

_____

_____

Welche der Erwartungen hast du erfüllt, welche Verbote befolgt (markiere sie mit einem Kreis o)? Welche nicht (markiere sie mit einem Kreuz x)?

Kapitel 5: Freundschaft, Liebe und Rollenverständnis

Männlich oder weiblich?

Intention:	Bewusstmachen von Rollenklischees und des Denkens und Fühlens in „Schubladen"; die Fragwürdigkeit dieser Klischees und Schubladen gemeinsam reflektieren
Altersgruppe:	ab 9. Klasse
Teilnehmerzahl:	bis zu Klassenstärke
Dauer:	ein bis zwei Einheiten à 45 Minuten
Vorbereitung:	viele möglichst postkartengroße Bilder von Tieren sammeln (mindestens doppelt so viele Bilder wie Gruppenmitglieder), zwei große Plakate mit den Überschriften „Mann" und „Frau", dicke Filzstifte

Spielverlauf: Alle Tierbilder werden auf dem Boden oder auf Tischen ausgebreitet. Jedes Gruppenmitglied hat die Aufgabe, ganz spontan, ohne mit den anderen darüber zu diskutieren, jeweils 1 oder 2 Tierbilder dem Begriff „männlich" bzw. „weiblich" zuzuordnen. Die ausgewählten Bilder behält jeder zunächst für sich in der Hand.

Anschließend findet eine Begründungsrunde statt:
Jedes Gruppenmitglied zeigt seine Tierbilder und begründet kurz, warum es welches Tier als männlich bzw. weiblich bezeichnet. Die einzelnen Begründungen werden in Stichworten vom Gruppenleiter auf den vorbereiteten Plakaten festgehalten. Dann gehen die Jugendlichen in Jungen- bzw. Mädchengruppen mit dem ihrem Geschlecht zuzuordnenden Plakat auseinander und überlegen:
1. Bin ich als Frau bzw. Mann so, wie die Eigenschaftswörter in den Begründungen beschreiben?
2. Will ich so sein? Oder bleibt oft gar nichts anderes übrig? Und woran könnte das liegen?

Eine weitere Möglichkeit der Auswertung besteht darin, jeweils einen Jungen oder ein Mädchen zu befragen, welche der aufgelisteten Eigenschaften, und zwar sowohl männliche wie weibliche, sie für sich beanspruchen würden. Sie werden feststellen, dass immer aus beiden Rubriken Eigenschaften gewählt werden.

Anmerkung: Bei der Durchführung dieser Übung ist uns schon sowohl von Erwachsenen wie auch Jugendlichen vorgeworfen worden, wir hätten sie mit der Vorgabe der Aufgabe „auf die Rolle geschoben", quasi dazu gezwungen, in Klischees zu denken. Es ist wichtig, den Jugendlichen in diesem Fall bewusst zu machen, dass die Schubläden in ihrem Kopf existieren, denn alle Beteiligten hätten die Möglichkeit gehabt, sich zu verweigern, indem sie z. B. die gleichen Tierbilder beiden Geschlechtern zugeordnet hätten.

Vgl.: Baer, Köln o. J.

Sensitivity: Freundschaft, Liebe, Rollenverständnis

Intention:	Schulung der Fähigkeit, andere bewusst wahrzunehmen und sich in sie hineinversetzen zu können
Altersgruppe:	ab 7. Klasse
Teilnehmerzahl:	bis zu Klassenstärke
Dauer:	zwei Einheiten à 45 Minuten
Vorbereitung:	Karten mit vorgefertigten Fragen zum gewählten Thema, Ja-/Nein-Karten kopieren und ausschneiden, Auswertungsblätter

Spielverlauf: Die Aussagen liegen verdeckt in der Mitte des Tisches. Eine Person hebt eine Karte auf und liest die erste Aussage vor. Sie beantwortet sie, indem sie ihre Ja- oder Nein-Karte verdeckt auf den Tisch legt. Die Aufgabe der mitspielenden Personen besteht darin, die Antwort richtig einzuschätzen. Sie geben ihrer Einschätzung Ausdruck, indem sie ebenfalls ihre Ja- oder Nein-Karte verdeckt auf den Tisch legen. Auf ein gemeinsames Zeichen hin werden alle Karten aufgedeckt. Die Entscheidungen müssen begründet werden. Es ist sinnvoll, dass zumindest die erste Person und zwei weitere (1 × Ja, 1 × Nein) ihre Entscheidungen erklären. Anschließend setzt eine weitere Person das Spiel fort. Zu Beginn des Spiels vereinbart die Gruppe, dass niemand sich verletzend oder diskriminierend äußert.

Anmerkung: Eine Veränderung erfährt das Spiel durch problembezogene Fragestellungen zu anderen Themen wie z. B. Beruf, Sexualität, Drogengebrauch, Ausländerfeindlichkeit, Umwelt usw. *(vgl. Lauster 1986 – Sensis).*

Kapitel 5: Freundschaft, Liebe und Rollenverständnis

Kopiervorlage für Ja- und Nein-Karten

Ja

Nein

Arbeitsbogen „Sensitivity: Freundschaft, Liebe, Rollenverständnis"
Beispiele für Statements

Ich werde schnell eifersüchtig.	Ein Freund ist jemand, in dessen Gegenwart ich mich wohl fühle.	Ein Freund verletzt mich nie.
Ein Freund muss persönliche Qualitäten haben, die ich schätze!	Freunde teilen einander Geheimnisse mit.	Über Probleme muss man reden, sonst geht es einem schlecht.
Ein guter Freund kritisiert mich nicht.	Über sexuelle Probleme soll man offen mit anderen reden.	Drogenabhängigkeit ist kein Hinderungsgrund für eine Freundschaft.
Ich rede mit meinen Freunden offen über alle meine Probleme.	Ich warte auf die große Liebe.	Ich wechsele häufig meine Freundschaften.
Ich träume von einem Märchenprinzen.	Ich träume von einer Freundin mit einer Figur wie ein Model.	Ich kann meine Gefühle nicht zeigen.
Ich fühle mich oft einsam.	Ich bin glücklich und zufrieden.	Nur wer vor der Ehe ausreichend sexuelle Beziehungen hatte, ist „reif" für die Ehe.
Jedes Mädchen will erobert werden.	Mädchen sind zärtlicher als Jungen.	Mit Jungen/Männern kann man nicht über Gefühle sprechen.
Das Wichtigste an der Liebe ist der Sex.	Selbstbefriedigung ist unmoralisch.	Jungen haben es gut: Sie haben keine Menstruation.

Kapitel 5: Freundschaft, Liebe und Rollenverständnis

Für Mädchen:	Für Mädchen:	Für Mädchen:
Ich mag die Anmache der Jungen/Männer nicht.	Eine Freundin geht mit mir durch dick und dünn.	Man kann nur eine gute Freundin haben.
Für Jungen:	Für Jungen:	Für Jungen:
Man kann nur einen guten Freund haben.	Ein Freund geht mit mir durch dick und dünn.	Ich mag die Anmache der Mädchen/Frauen nicht.
eigene Formulierung	eigene Formulierung	eigene Formulierung

Kapitel 6
Lebensplanung, Werte und Normen

Einleitung

In der Zeit der Adoleszenz treten verstärkt Zweifel bei den einzelnen Schülern auf und sie fragen sich, wie die neuen Herausforderungen und der neue Erwartungsdruck dieser Lebensphase zu bewältigen sind und welche Handlungsmöglichkeiten sie haben. Einerseits möchten sie gern Kind sein, andererseits möchten sie aktiv am Leben der Erwachsenen teilhaben. Daraus entstehen viele Missverständnisse im Umgang mit den Erwachsenen.

Die Schülerinnen müssen in dieser Zeit zunehmend lernen, einen eigenen und unabhängigen Willen zu entwickeln. Selbstständiges Planen und Handeln wird immer notwendiger. Erwachsene sollten sie in dieser Zeit dabei unterstützen, Werte und Normen zu reflektieren. Zur Stabilisierung ihrer Persönlichkeit gehört es auch, dass Jugendliche es lernen, für Richtiges und Verbindliches einzutreten. Die Widersprüche in der eigenen Lebenssituation wollen erkannt und akzeptiert werden und dabei müssen Jugendliche es lernen, die damit verbundenen Frustrationen besser zu ertragen. Sie sollen erkennen, dass eigene Urteile und eigene moralische Verantwortung die Grundlage zum unabhängigen Handeln bilden. In dieser Phase entfaltet sich bei den Jugendlichen ein immer stärkeres Interesse am eigenen Ich. Dabei richten sie ihr Augenmerk auf die eigenen Gefühle und zunehmend auch auf die Gefühle der anderen. Die Zeit der Adoleszenz ist eine Zeit der Ich-Aufwertung. In dieser Zeit muss den Jugendlichen Gelegenheit geboten werden, über ihre Wünsche und Hoffnungen nachzudenken und Zukunftsvorstellungen zu entwickeln, damit sie diese in ihr tägliches Handeln einbeziehen können.

Das Verhältnis der Schüler und Schülerinnen zu ihren Eltern erweist sich in dieser Zeit häufig als sehr schwierig. Jugendliche werten ihre Eltern oft ab und innerlich kündigen sie ihnen die Loyalität auf. Es ist zu bemerken, dass sich Jugendliche dann verstärkt in der Schule orientieren, d.h. bei ihren Mitschülern und unter Umständen auch bei Lehrern Hilfe suchen, zum Teil aber auch gänzlich außerhalb von Familie und Schule.

Für die Schule liegt darin die Aufforderung, vermehrt Themen anzubieten, die Schule und Ausbildung, Leben in der Familie (Verselbstständigung und Loslösung), Freundschaft und Liebe, Freizeitverhalten und Persönlichkeitsentwicklung berücksichtigen. Dazu eignen sich beispielsweise Übungen aus folgenden Bereichen: Erkennen von Fähigkeiten und Eigenschaften, themenbezogene Rollenspiele, gelenkte Fantasiereisen und spezielle Übungen zur Lebensplanung. Interaktionsspiele zur Lebensplanung kommen den Bedürfnissen der Jugendlichen entgegen und geben ihnen die Chance, im Kreis von Gleichaltrigen aktuelle und für ihr Leben wichtige Themen anzusprechen, unterschiedliche Einstellungen zu hören und Erfahrungen zu sammeln. Gleichzeitig erhalten sie die Möglichkeit, sich mit anderen zu vergleichen, um festzustellen, in welcher persönlichen Situation diese sich befinden.

Die Jugendlichen müssen dahingehend unterstützt werden, dass sie für sich klären, welche Zukunftsperspektiven für sie realisierbar bzw. nicht realisierbar sind. Sie sollen erkennen, an welchem Punkt ihres Lebensweges sie sich befinden, welche gesellschaftlichen Forderungen an sie gestellt werden und welches Handeln von ihnen verlangt wird. Zugleich steigt die Verantwortung für das eigene Lernen. Sie sind gehalten, sich Ziele zu setzen und die Erreichbarkeit dieser Ziele zu überprüfen.

Edna und Ron

Intention: sich einlassen auf die Themen Liebe und Sexualität sowie Liebe und Macht, einschließlich der dazwischenliegenden Spannungsfelder; ganz persönliche Ansichten bewusst wahrnehmen
Altersgruppe: ab 9. Klasse
Teilnehmerzahl: bis zu Klassenstärke
Dauer: eine Doppelstunde

Spielverlauf: Diese Übung soll Jugendliche dazu anregen, sich mit dem Thema Liebe und Sexualität auseinander zu setzen, sich aber auch mit den Elementen von Verletzung und Gewalt zu befassen.

Die Übung wird sinnvollerweise nur in einer Gruppe durchgeführt, die sich gut kennt und in der der Umgang der Geschlechter nicht allein von Destruktivität oder Aggression dominiert ist.

Die Übung beginnt mit dem Vorlesen der etwas märchenhaften Erzählung von Edna und Ron (Seite 128). Der Text wird anschließend zusammen mit dem Fragebogen (Seite 129) ausgeteilt. Die Schüler bringen die Personen in eine Rangfolge, die von dem am wenigsten anstößigen Verhalten bis zu dem am meisten anstößigen Verhalten verläuft. Jede Entscheidung soll kurz schriftlich begründet werden (15 Min.).

Kapitel 6: Lebensplanung, Werte und Normen 127

Weitere Aufgaben:
– In Kleingruppen von circa fünf Personen wird über die Ergebnisse geredet (15 Min.). Danach werden im Klassenverband die Wertungen besprochen.
– Die auf Platz 1 und 2 stehenden Personen werden von jedem Gruppenmitglied schriftlich mit zwei positiven Adjektiven belegt. Anschließend bespricht und begründet man seine Wortwahl im Gruppengespräch.
– Jedes Gruppenmitglied vervollständigt den nachfolgenden Satzanfang mit den ausgewählten Adjektiven.
Ich bin ...

Variante: Die Geschichte wird bis zur Textstelle „Der Vater überlegte ... Drehte sich um und ging seiner Arbeit nach" vorgelesen. Die Jugendlichen schreiben die Geschichte individuell weiter.

Auswertungsfragen: Stimmt das Rollenverhalten der einzelnen Personen?
Gibt es einen Zusammenhang von Sexualität, Macht und Liebe?
An welchen Punkten der Geschichte wird Gewalt ausgeübt?
Welche weiteren Fragen habt ihr zu der Geschichte?

In Anlehnung an: Vopel 1992 c, Seite 127 ff.

Die Geschichte von Edna und Ron

In den Bergen von Nebraska lebte ein Junge, der hörte auf den Namen Ron. Er lebte nahe einer tiefen Schlucht. Seine Freundin Edna lebte auf der anderen Seite. Beide waren sehr ineinander verliebt und hatten große Sehnsucht, sich zu sehen. Durch die Schneemassen des Winters war es für beide unmöglich zueinander zu kommen.

Ron hatte große Sehnsucht nach Edna. Er wollte sie unbedingt wieder sehen. So suchte er Lady Jane auf und schilderte ihr sein Problem. Lady Jane besaß ein kleines Sportflugzeug, das sie von ihrem Mann geerbt hatte. Sie erklärte sich bereit, ihn auf die andere Seite zu fliegen, allerdings nur unter der Bedingung, dass er vorher mit ihr schliefe. Ron war empört über diese Forderung, weil er Lady Jane nicht begehrte und aus diesem Grund nicht mir ihr schlafen wollte. Er schlug den Handel aus und ging fort, um sich bei anderen Hilfe zu holen.

Er fragte jeden, den er traf, doch niemand konnte ihm helfen. Verzweifelt ging er zu seinem Vater, schilderte ihm die Situation und fragte ihn um Rat. Der Vater überlegte kurz und gab zur Antwort: „Sieh mal Ron, du bist nun fast erwachsen, da musst du selber wissen, was du tust. Ich kann dir nicht länger deine Entscheidungen abnehmen." Er drehte sich um und ging seiner Arbeit nach.

Rons Sehnsucht wurde immer stärker und nach längerem Nachdenken ging er auf Lady Janes Vorschlag ein. In der Nacht kam er der Aufforderung nach und sie löste ihr Versprechen ein und flog ihn auf die andere Seite der Schlucht.

Nachdem Ron und Edna einige glückliche Stunden miteinander verbracht hatten, gestand Ron ihr, welchen Handel er mit Jane eingegangen war. Edna hörte die ganze Geschichte und schrie unter Tränen: „Warum hast du dich darauf eingelassen? Gab es keinen anderen Weg? Ich kann dir nicht mehr in die Augen sehen. Nie werde ich dir wieder vertrauen können."

Gekränkt drehte sich Ron um und verließ Edna. Auf seinem Weg begegnete ihm die gut aussehende Pamela. Er schilderte ihr sein Leid. Pamela hörte ihm teilnahmsvoll zu und strich zärtlich über sein Haar. Die Sonne ging unter und gemeinsam kehrten sie in Pamelas Blockhaus ein.

(Nach einer Idee von Hendrik Schlüter)

Kapitel 6: Lebensplanung, Werte und Normen

Fragebogen „Edna und Ron"

Jedes Gruppenmitglied denkt zunächst ganz allein für sich über die Geschichte von „Edna und Ron" nach. Die nachfolgende Aufgabe besteht darin, die in der Geschichte vorkommenden Personen in eine moralische Reihenfolge zu setzen. Auf Platz 1 kommt die Figur, die dir am sympathischsten, auf Platz 5 steht demzufolge die Person, die dir am unsympathischsten ist.

Erstelle eine Rangfolge und begründe deine Entscheidung stichwortartig:

1. _____

_____

_____

2. _____

_____

_____

3. _____

_____

_____

4. _____

_____

_____

5. _____

_____

_____

Freundschaft

Intention:	Wertigkeit von Charakterzügen erstellen. Vorlieben erkennen, begründen und einschätzen.
Altersgruppe:	ab 13 Jahre
Teilnehmerzahl:	bis zu Klassenstärke
Dauer:	ein bis zwei Einheiten à 45 Minuten, je nach Gruppensituation
Vorbereitung:	zwei Karten mit Adjektiven anfertigen

Spielverlauf:
1. Schritt: Alle Mitspieler erhalten drei Kärtchen mit vorgegebenen Adjektiven und neun unbeschriftete. Jedes Gruppenmitglied entscheidet sich nach kurzer Zeit für neun Eigenschaften, die ihm bei einem guten Freund wichtig sind, und beschriftet die leeren Kärtchen. Die einzelnen Mitspieler breiten die Kärtchen vor sich aus.
2. Schritt: Es dürfen Kärtchen mit Begründung angeboten und getauscht werden.
3. Schritt: Wenn alle Mitspieler mit ihren Adjektiven einverstanden sind, werden sie aufgefordert, sich für fünf Adjektive zu entscheiden und diese in eine Rangfolge zu bringen. An oberster Stelle liegt das Adjektiv mit der Eigenschaft, welches für den Einzelnen in einer Freundschaft von größter Bedeutung ist.
4. Schritt: Alle Mitspieler begründen nacheinander ihre Rangfolge.
5. Schritt: Überprüfung der Eigenschaften: Inwieweit verfügen die Jugendlichen selbst über diese Eigenschaften?

Kapitel 6: Lebensplanung, Werte und Normen 131

Kopiervorlage „Freundschaft"

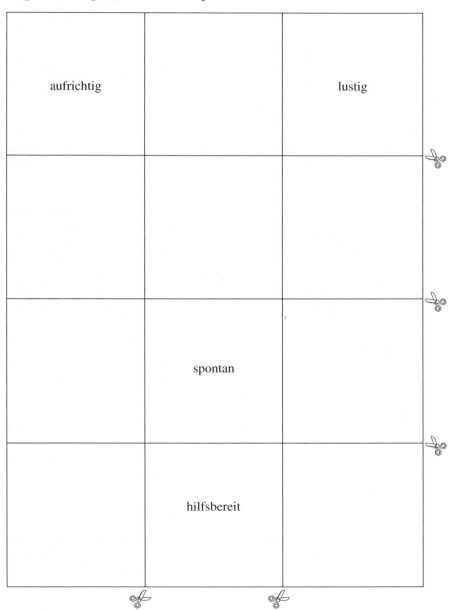

Lebenskurve

Intention: Ereignisse, Erfahrungen und Menschen, die für die bisherige eigene Entwicklung Bedeutung hatten, bildlich darstellen; sich über die eigenen Stimmungen und Gefühle in unterschiedlichen Lebensabschnitten bewusst werden; die Lebensgeschichte der anderen Gruppenmitglieder kennen lernen

Altersgruppe: ab 9. Klasse

Teilnehmerzahl: bis zu Klassenstärke

Dauer: je nach Gruppengröße ein bis zwei Einheiten à 45 Minuten

Vorbereitung: Papier und Schreibzeug, Tesafilm, Klebstoff, Zeitschriften, Scheren

Spielverlauf: Jeder Schüler zeichnet auf einem großen Blatt in ein Koordinatenkreuz eine Art „Fieberkurve" seines bisherigen Lebens. Der Nullpunkt markiert dabei seine Geburt. Die waagerechte Linie symbolisiert die Zeit, d. h. das jeweilige Alter des Schülers oder der Schülerin. Der „Wert" auf der Senkrechten drückt wie an einem Gefühlsbarometer aus, in welcher Stimmung die betroffene Person sich zum jeweiligen Zeitpunkt gerade befand. Ein hoher Ausschlag bedeutet Glück, Freude und Wohlbefinden, ein niedriger Ausschlag ist mit einer traurigen, unglücklichen Stimmung oder auch mit Krankheit gleichzusetzen. Dabei können Ereignisse aus allen Lebensbereichen berücksichtigt werden z. B. Sport, Liebe, Familie, Schule, Urlaub.

Jedes Gruppenmitglied trägt so die wichtigsten Phasen, Ereignisse, Wendepunkte, Erfahrungen oder auch Menschen, die sein bisheriges Leben beeinflusst und mitgeprägt haben, als Punkte oder Zeitabschnitte auf seiner individuellen Lebenskurve ein.

Anschließend illustriert jeder Schüler seine „Fieberkurve" collagenartig mit Zeichnungen oder Zeitungsausschnitten. Wichtig ist, dass die Ereignisse, Phasen oder Menschen hervorgehoben werden, die für die Entwicklung der Persönlichkeit nach eigener Einschätzung besonders viel beigetragen haben und sehr wichtig waren.

Die fertigen Collagen werden mit Namen versehen und an die Wand gehängt. Alle Schüler können sie betrachten und einander dazu befragen bzw. den anderen mitteilen, was sie den illustrierten Lebenskurven entnehmen. Anschließend führt die Gruppe ein gemeinsames Gespräch darüber, wo die Mitglieder Ähnlichkeiten oder Unterschiede innerhalb der einzelnen Lebenskurven sehen.

In Anlehnung an: Gudjons 1992, Seite 97 f.

Kapitel 6: Lebensplanung, Werte und Normen

Wie will ich leben?

Intention: Über kurz- und langfristige Lebensperspektiven nachdenken und gegebenenfalls überprüfen, ob die Wünsche und Ziele realistisch sind oder nicht

Altersgruppe: ab 9. Klasse

Teilnehmerzahl: bis zu Klassenstärke, Arbeit in Kleingruppen

Dauer: zwei Einheiten à 45 Minuten

Material: Papier und Stifte

Spielverlauf: Jedes Gruppenmitglied erhält mehrere Blätter.
1. Das erste Blatt erhält die Überschrift „Lebensziele". Auf ihm werden alle Ziele, die den Einzelnen einfallen, vermerkt: persönliche, schulische, berufliche, finanzielle, familiäre Ziele usw.
2. Danach überlegt die Gruppe gemeinsam, mit welchen Bereichen sie sich gerne intensiver beschäftigen möchte. Dies könnten z. B. sein:

  - Schulabschluss und Berufsperspektive,
  - Freizeit und Hobbys,
  - Partnerschaft und Familie,
  - Beziehungen zu Eltern und Freunden,
  - persönliche Weiterentwicklung usw.

Nachdem man sich auf die Punkte, die weiterbehandelt werden sollen, geeinigt hat, haben die Einzelnen 15 bis 20 Minuten Zeit, ihre persönlichen Ziele für die entsprechenden Bereiche auf einem zweiten Bogen genauer zu formulieren. Im nächsten Schritt überprüfen sie, welche dieser Ziele für sie jeweils leichter oder schwerer erreichbar sein könnten.

3. Auf dem dritten Bogen beschäftigen die Schüler sich mit dem Bereich, von dem sie glauben, dass die darin gesteckten Ziele am leichtesten erreichbar sein könnten. Sie beschreiben, warum sie dies so einschätzen und was sie zur Erreichung der Ziele tun werden.
4. Nun notieren sie auf einem vierten Bogen, in welchem Bereich die für sie am schwersten zu erreichenden Ziele stecken. Auch hier sollten sie überlegen, warum diese Ziele für sie so schwer erreichbar sind und ob es nicht doch Möglichkeiten und Wege gibt, die sie ihren Zielen näher bringen.
5. Der letzte Bogen erhält die Überschrift „Aktivitätenliste". Nachdem sich die Schüler für jeweils ein Ziel entschieden haben, mit dem sie sich im letzten Arbeitsschritt befassen wollen, schlüsseln sie hier genau auf, welche Hand-

lungsschritte sie unternehmen können, um dieses Ziel zu erreichen. Es entsteht ein konkreter Handlungsplan mit Terminen, Entscheidungen, Zeiteinteilungen und kleinen zu erledigenden Aufgaben (eventuell in Verbindung mit einem Terminkalender).

Anschließend werden die Ergebnisse in Kleingruppen oder in der gesamten Gruppe besprochen. Es können Tipps zur Ergänzung des „Handlungsplans" gegeben werden.

In Anlehnung an: Gudjons 1992, Seite 101 f.

Weltreise

Intention: Interesse entdecken für Menschen und Themen
Altersgruppe: 7. Klasse
Teilnehmerzahl: bis zu Klassenstärke
Dauer: eine Einheit à 45 Minuten
Vorbereitung: Arbeitsbogen kopieren

Spielverlauf: Die Schülerinnen werden aufgefordert, mit Hilfe eines Arbeitsbogens fünf Menschen auszuwählen, mit denen sie an einen beliebigen Ort der Welt reisen möchten. Diese fünf Personen können berühmt und / oder Bezugspersonen aus dem alltäglichen Leben sein. Sie werden auf den Arbeitsblättern notiert und stichwortartig beschrieben. Dabei begründen die Schülerinnen, warum sie mit diesen Personen verreisen möchten. Für diesen Teil der Übung stehen 20 Minuten zur Verfügung. Anschließend kommen alle wieder in den Kreis zurück und stellen die Personen vor.

Auswertungsfragen: Welche Person fiel euch zuerst ein, welche zuletzt?
Gibt es Personen in eurer unmittelbaren Umgebung, die euch interessieren und neugierig machen?
Was haben euch eure Eltern über Neugierde erzählt?
Möchtet ihr selbst einmal berühmt sein?
Was macht berühmte Leute interessant?
In welchem Bereich?
Welche Vorteile hat Ruhm?
Welche Nachteile hat er?

In Anlehnung an: Vopel 1992 a, Seite 32 ff.

Kapitel 6: Lebensplanung, Werte und Normen 135

Arbeitsbogen „Weltreise"

Stellt euch vor, ihr gewinnt bei einem Quiz eine Reise um die Welt und besucht drei Orte, die euch interessant erscheinen. Ihr könnt drei Menschen einladen mitzureisen. Tragt für jeden Ort eine Person ein und stellt euch dabei folgende Fragen:

Was reizt euch an dieser Person?

Was könnt ihr über die Person in Erfahrung bringen?

Warum wollt ihr mit dem Menschen sprechen?

Was könntet ihr von ihr lernen?

Was werdet ihr gemeinsam unternehmen?

Ort: _____ Person: _____

_____

_____

_____

Ort: _____ Person: _____

_____

_____

_____

Ort: _____ Person: _____

_____

_____

_____

Planetenspiel

Intention:	Entscheidungen zu treffen und zu begründen
Altersgruppe:	7. Klasse
Teilnehmerzahl:	bis zu 15
Dauer:	zwei Stunden
Vorbereitung:	Raumgestaltung, geeignete Musik

Spielverlauf: Zu Beginn des Spiels werden Sitzgruppen wie im Flugzeug mit einem Mittelgang gebildet. Gedämpftes Licht und leise Musik unterstützen die Atmosphäre.
Folgende Geschichte wird von den Seminarleitern, die sich ebenfalls im Raumschiff befinden, erzählt:

„Wir heißen Sie herzlich willkommen an Bord unseres Raumschiffes. Sie haben sich dazu entschlossen, mit uns neue Welten und neue Planeten zu erkunden. Die Rückkehr auf die Erde ist nach Schließung der Türen nicht mehr möglich. Bitte schnallen Sie sich nun an und stellen Sie das Rauchen ein. Wir starten!
Wir werden nun sechs Planeten in fernen Sonnensystemen anfliegen, auf denen im Laufe der Zeit die unterschiedlichsten Kulturen und Lebensformen entstanden sind. Wir werden auf jedem dieser Planeten landen und Sie mit der dort herrschenden Kultur vertraut machen. Bitte entscheiden Sie bei jeder Landung, ob Sie auf dem jeweiligen Planeten aussteigen und leben wollen. Tun Sie dieses verbal oder mit Handzeichen kund. Sie können dann das Raumschiff durch die hintere Ausstiegsluke verlassen. Bitte lehnen Sie sich entspannt zurück, genießen Sie den Flug, wir werden Sie unterrichten, sobald wir unseren ersten Zielplaneten erreicht haben. Wir danken Ihnen für Ihre Aufmerksamkeit und wünschen Ihnen einen angenehmen Flug."

– circa 2 Minuten Musik –

„Bitte bringen Sie sich in eine aufrechte Sitzposition, stellen Sie das Rauchen ein, wir landen in wenigen Minuten auf dem Planeten K E I O S. Wir werden Ihnen nun die Eigenheiten und die Kultur des Planeten erläutern:

Der Planet KEIOS
Die Menschen hier sind einander in Liebe zugetan. Sie kleiden sich sehr bunt und sind fröhlich und ausgelassen. Sie tragen Blütenschmuck und Perlen. Sie leben in einer großen Gemeinschaft und wohnen in kleinen Strohhütten. Sie gehen keiner geregelten Arbeit nach, sondern leben davon, was die Natur ihnen bietet. Sie

Kapitel 6: Lebensplanung, Werte und Normen 137

fischen und jagen. Eigener Besitz ist nicht erlaubt. Die Sexualität wird frei gelebt und beliebig praktiziert. Die Vegetation ist üppig.
Bitte machen Sie nun kenntlich, ob Sie auf K E I O S aussteigen wollen, und verlassen Sie dann das Raumschiff.

Wir schließen nun die Ausstiegsluke und fliegen weiter zum nächsten Planeten."

– circa 2 Minuten Musik –

„Wir setzen zur Landung an, bitte bringen Sie sich in eine aufrechte Sitzposition. Wir sind soeben auf dem Planeten R A T I O N A L I A gelandet:

Der Planet Rationalia
Das Leben hier ist bestimmt durch eine klare und ästhetische Ordnung. Die Landschaft ist sinnvoll strukturiert, Pflanzen und Tiere werden nach wissenschaftlich fundierten Prinzipien aufeinander abgestimmt, gezüchtet und gehalten. Die Gebäude sind schlicht und zweckmäßig und entsprechen modernen ökologischen Erkenntnissen. Die Menschen folgen ihren jeweiligen Interessen. Es gibt zahlreiche Bibliotheken und hoch entwickelte Computerzentren. Ruhe und Konzentration bestimmen den Alltag. Kommunikationsbereitschaft zeigt an, wer in eines der vorhandenen Kommunikationszentren geht.
Wenn Sie hier aussteigen wollen, geben Sie uns ein Zeichen und verlassen Sie das Raumschiff bitte jetzt."

Kurze Pause

„Wir fliegen weiter zum Planeten A N A S C H."

– circa 2 Minuten Musik –

„Der Planet Anasch
Wir befinden uns im Paradies der absoluten Freiheit. Nur die eigenen Wünsche und der eigene Wille zählt. Es gibt keine Obrigkeit und keine Verwaltung, keine Gesetze und keinerlei Einschränkungen. Die Menschen leben ohne Einschränkungen ihre Persönlichkeit aus. Unterkunft, Umgebung, Kleidung und die persönlichen Lebensverhältnisse können völlig frei gestaltet werden. Die Vegetation ist unterschiedlich.
Wenn Sie hier leben wollen, steigen Sie bitte jetzt aus."

Kurze Pause

„Wir starten erneut zum Planeten N U D I S T A."

– circa 1¹/₂ Minuten Musik –

„Der Planet Nudista

Wir erleben hier die Welt des Ursprünglichen und des Urwüchsigen. Das Klima ist so angenehm, dass Kleidung völlig überflüssig wird. Die Vegetation ist üppig und verschwenderisch. Die Menschen bewohnen rustikale und romantische Baumhütten. Sie leben in natürlich vorgegebenen Familienstrukturen, für die feste Regeln gelten. Die Männer gehen der Jagd nach, versorgen ihre Familien und üben sich in Wettkämpfen und Abenteuerspielen mit ihren Geschlechtsgenossen. Die Frauen kümmern sich um die Kinder und den häuslichen Bereich. Auf diesem Planeten hat jeder seinen Platz und jeder seine Aufgabe. Keiner wird ausgegrenzt oder bevorzugt."

Kurze Pause

„Wenn Sie hier aussteigen möchten, tun Sie das bitte jetzt. Wir fliegen weiter zum nächsten Planeten E R D U S."

– circa 1¹/₂ Minuten Musik –

„Der Planet Erdus

Nun landen wir auf Erdus. Hier gibt es klare Richtlinien und Gesetze, die von einem ausgewählten Komitee umgesetzt werden. Es gibt hier arme und sehr reiche Bewohner. Der Planet ist stark besiedelt. Die Vegetation ist nicht besonders erwähnenswert. Die Häuser sind aus Beton und Stahl, als Fortbewegungsmittel dienen kleine Gefährte, die unseren Autos auf der Erde sehr ähneln. Die Versorgungslage ist unterschiedlich. Viele haben ihr Auskommen, viele aber auch nicht. Technisch ist dieser Planet voll ausgereift.

Wenn Sie hier aussteigen möchten, dann verlassen Sie das Raumschiff jetzt."

Kurze Pause

„Wir fliegen weiter zu unserem letzten Planeten D I K T U S."

– circa 1¹/₂ Minuten Musik –

„Der Planet Diktus

Der Planet Diktus wird von einem König beherrscht. Er macht die Gesetze und

Kapitel 6: Lebensplanung, Werte und Normen 139

herrscht alleine über die Bewohner. Alle haben sich seiner Macht zu unterwerfen. Er bestimmt über Recht und Unrecht. Die Legislative, Exekutive und Judikative liegen in seiner Hand. Der Planet ist mit prächtigen Bauwerken übersät. Die Bewohner gehorchen dem König und folgen allen von ihm gemachten Gesetzen.

Ich bitte nun alle Passagiere auszusteigen, da der Flug hier endet."

Die Begleitmusik könnte z. B. von Jean Michel Jarre sein. Ebenso gut ist Entspannungsmusik geeignet, wie sie im Musikfachhandel erhältlich ist. Sie können auch Ihre Schüler fragen, ob sie geeignete Musik mitbringen können (z. B. Techno aus dem „Trance"-Bereich).

Die Gruppen setzen sich nach Wahl des Planeten zusammen und tauschen sich darüber aus, warum sie gerade auf diesem Planeten ausgestiegen sind. Nachdem alle Gruppenmitglieder ihren Planeten ausgewählt haben, bearbeiten sie den Arbeitsbogen.

Wir danken Gabriele Frydrych für ihre kreative Unterstützung bei der Entwicklung dieses Spiels.

Arbeitsbogen „Planetenspiel"

Ich bin auf dem Planeten _____ ausgestiegen, weil _____

_____

_____

_____

Ich würde keinesfalls auf dem Planeten _____ aussteigen, weil

_____

_____

_____

_____

2. Auf meinem Planeten existiert folgendes Menschenbild:
   Definition

_____

3. Wie stelle ich mir den idealen Planeten vor?

_____

4. Gemeinsame Entwicklung des „Idealplaneten" mit dem dazugehörenden
   Menschenbild.

_____

_____

Literaturverzeichnis

In der Liste ist auch Literatur aufgeführt, die wir nicht verwendet haben. Die folgenden Veröffentlichungen sind aber wichtige Grundlagen unserer Arbeit mit Jugendlichen.

Baer, Ulrich: 500 Spiele für jede Gruppe für alle Situationen – Spielbeschreibungen aus der Datenbank DATA-Spiel. Remscheid: Akademie Remscheid 1990

Baer, Ulrich: Lernspiele Liebesfähigkeit – Spiele und Übungen zum Thema Sexualität und Partnerschat Köln o. J.

Basset, Klaus: Spielen und spielen lassen – Das Spielbuch der Stuttgarter Jugendhäuser. Tübingen: Katzmann Verlag 1985

Böttger, Gudrun (Hg.): Konflikte mit Jugendlichen lösen. Hamburg: Bergemann und Helbig Verlag 1996

Creighton, Allan / Kivel, Paul: Die Gewalt stoppen – Ein Praxisbuch für die Arbeit mit Jugendlichen. Mülheim a. d. Ruhr: Verlag an der Ruhr 1993

Fricke, Senta / Klotz, Michael / Paulich, Peter: Sexualerziehung in der Praxis – Ein Handbuch für Pädagogen, Berater, Eltern und andere. (aus der Arbeit der pro familia; unter Mitarbeit von Robert Bolz) Köln: Bund-Verlag 1980

Gudjons, Herbert / Pieper, Marianne / Wagener, Birgit: Spielbuch Interaktionserziehung – 180 Spiele zum Gruppentraining in Schule, Jugendarbeit und Erwachsenenbildung. Bad Heilbrunn: Verlag Julius Klinkhardt 1983

Gudjons, Herbert: Auf meinen Spuren – Entdecken der eigenen Lebensgeschichte – Vorschläge und Übungen für pädagogische Arbeit und Selbsterfahrung. Hamburg: Bergemann und Helbig 1992

Hölscher, Petra (Hg.): Interkulturelles Lernen – Projekte und Materialien für die Sekundarstufe I. Berlin: Cornelsen Verlag Scriptor 1994

Höper, Claus J.: Die spielende Gruppe – 115 Vorschläge für soziales Lernen. München: J. Pfeiffer Verlag 1990[11]

Jokisch, Wolfram: Steiner Spielkartei – Elemente zur Entfaltung von Kreativität, Spiel und schöpferischer Arbeit in Gruppen (hg. v. Bayerischen Mütterdienst der Evangelisch-Lutherischen Kirche). Münster: Ökotopia Spielevertrieb 1992[2]

Lang, Hans-Georg: Soziale Spiele – Ein Weg zur Friedenserziehung. Tübingen: Katzmann Verlag 1984

Lauster, Peter: Sensis – sich selbst oder andere besser kennlernen. Düsseldorf 1986

Murdock, Maureen: Dann trägt mich meine Wolke – Wie Große und Kleine spielend leicht lernen (aus dem Amerikanischen von Beate Gorman). Freiburg: Hermann Bauer Verlag 1992[4]

Pfender, Ursula: Was soll's? Wir lernen Leben! Berlin: dahlemer verlagsanstalt, 1993

Preuschoff, Gisela: Stress lass nach! Was tun gegen Schulstress?. Köln: Papyrossa Verlag 1992

Roth, Inga / Brokemper, Peter: Abenteuer Partnerschaft. Mülheim a. d. Ruhr: Verlag an der Ruhr 1991[2]

Schwäbisch, Lutz / Siems, Martin: Anleitung zum sozialen Lernen für Paare, Gruppen und Erzieher – Kommunikations- und Verhaltenstraining. Reinbek: Rowohlt Verlag 1974

Voigt-Rubio, Annette: Suchtvorbeugung in der Schule, mal ganz anders – Erlebnisorientierte Übungen ab 12 Jahre. Lichtenau: AOL-Verlag 1990

Vopel, Klaus W.: Interaktionsspiele für Jugendliche – Affektives Lernen für 12- bis 21-jährige. (4 Bde.: Teil 1 = 1992 a, Teil 2 = 1992 b, Teil 3 = 1992 c, Teil 4 = 1992 d). Hamburg: iskopress 1992[4]

Vopel, Klaus W.: Interaktionsspiele für Kinder – Affektives Lernen für 8- bis 12-jährige. (4 Bde.) Hamburg: iskopress 1991[5]

Walker, Jamie: Gewaltfreier Umgang mit Konflikten in der Sekundarstufe I – Spiele und Übungen. Berlin: Cornelsen Verlag Scriptor 1995